Biblioteca di bordo

The Devil's own Work, Harper Collins Publishers

ISBN 88-85982-13-1

via San Pietro all'Orto, 9 - Milano

Alan Judd

Scrittura infernale

Il volume è dedicato a chi non sente ancora risolto il rapporto con le macchine del presente e del prossimo futuro, costruite dall'intelligenza umana perché potenzino la capacità creativa, affrancandola dall'ansia di fronte alla pagina bianca. Il computer è un'invenzione dominata dall'uomo, nata per assecondare la velocità della sua fantasia.

È nostro compito distribuire le informazioni strategiche con i computer e le reti di comunicazione; è nostro privilegio sciogliere un mistero, scoprire il passato e precedere il cambiamento.

Piero Toso
Presidente NCR Italia

Da un'idea di
Violetta Candiani

Traduzione
Francesca Melli

Editing
Graziella Cillario

Le lettere che appaiono in apertura di ogni capitolo sono tratte dai più importanti alfabeti creati dal Cinquecento ad oggi.

Capitolo 1

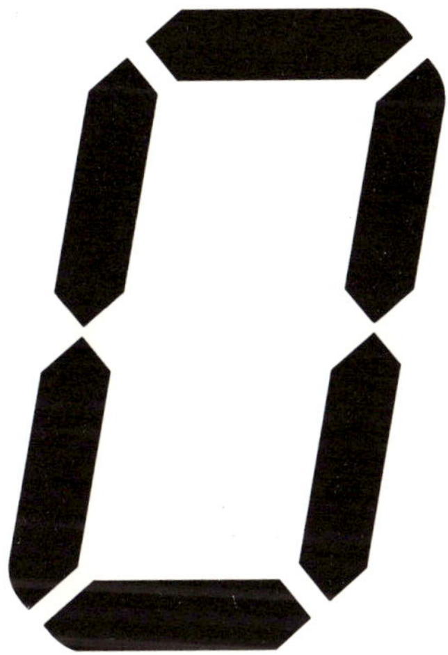

Carattere digitale
Personal Computer
1980

Capitolo 1

La storia me la raccontò Edward, anche se non tutta in una volta, e comunque mai, ne sono certo, per intero. Credo che nessuno sia in grado di raccontarla tutta, a parte forse Eudoxie, e lei era, ed è parte del problema. Le origini della storia sono antecedenti al mio matrimonio e alla fama di Edward. Oggi penso a quell'epoca come alla nostra prima gioventù, ma allora a noi, freschi di università e ben sistemati a Londra, sembrava il tempo dell'ingresso a pieno titolo nella maturità. Niente era impossibile e ogni possibilità veniva contemplata, salvo il fallimento. Per quanto riguarda me si può senz'altro dire che sbagliavo, ma il caso di Edward è più complesso. Edward ebbe tutto il successo che un uomo ambizioso può desiderare, fu il prezzo a rovinarlo.

Certo, quando decise di percorrere quella strada non aveva idea – chi di noi avrebbe potuto averla? – dei pesanti interessi che quella scelta avrebbe maturato nel corso di una vita. Non credo che l'abbia mai vista come una transazione, piuttosto come un altro dono di una Provvidenza benevola da aggiungere alla salute, al bell'aspetto, al fascino, a una sorte vincente, al talento – al suo *genio* come venne in seguito chiamato, ma io oggi sono più cauto con le definizioni. Tutti lo apprezzavano, addirittura lo amavano o forse dovrei dire che non dispiaceva a nessuno e che ci si sentiva attratti da lui. Credo di averlo ammirato, anche se solo ora sto cominciando a capire che cosa ammiravo in lui. Lo invidiai e per un po' lo odiai anche, ma conoscendo il prezzo pagato da Edward, era impossibile che questi sentimenti potessero durare a lungo. Mi si gela il sangue al pensiero che forse sta ancora pagando.

Aveva un appartamento in una casa vittoriana a Kennington, in una di quelle sudice strade di Lambeth che per decenni sono state definite "emergenti", ma che sembrano non essersi mai riscattate. Dividevo un appartamento con altri due insegnanti in un quartiere moderno non lontano da lì. Edward non era un insegnante, naturalmente. Fin da principio era destinato a diventare un grande scrittore. In realtà, lui non aveva mai detto nulla del genere, ma questa consapevolezza emanava dalla sua persona in maniera così inconfondibile, che nessuno pensò mai a lui come a qualcosa di diverso. Probabilmente, noi credevamo che per diventare un grande scrittore bastasse averne l'intenzione e insistere a volerlo con grande determinazione fino a che la propria grandezza non fosse divenuta evidente. Forse persino Edward aveva questa convinzione. Dopo tutto, l'ambiente intellettuale è abbastanza fiducioso da accettare molti di noi in base alle nostre stesse valutazioni; alcune persone riescono ad arrivare al successo solo credendo in se stesse e persuadendo anche gli altri. Penso che Edward credesse nelle proprie qualità.

Aveva avuto la fortuna di ricevere del denaro dal padre, così, mentre lavorava al primo romanzo, non fu costretto a trovarsi un lavoro fisso; si limitò a collaborazioni saltuarie ai giornali con recensioni e articoli utili al fine di far conoscere il suo nome e di guadagnare qualcosa. In quei giorni nulla lo distingueva dalle schiere di laureati in letteratura inglese che si nutrivano degli avanzi dell'editoria e del giornalismo londinese. I più fortunati e tenaci divennero pesci abbastanza grossi da unirsi ai letterati e diventare responsabili editoriali, giornalisti e, in minor misura, scrittori. In questi ambienti occuparsi in qualche modo di letteratura è considerato un preliminare per scrivere buoni libri, fino al giorno in cui si viene scoperti. Ma non passò molto tempo e fu evidente che fra Edward e gli altri c'era qualche differenza. Lui non sembrava cercare esattamente le stesse cose che gli altri cercavano e comunque non nello stesso modo. Non era un grande frequentatore di salotti letterari e non si curava di coltivare i rapporti con persone influenti. Una volta rifiutò l'opportunità di scrivere una sceneggiatura per la televisione: un gesto di apparente indifferenza che scandalizzò chi lo conosceva. Benché non lo dicesse apertamente, dava l'impressione di voler mantenere la propria integrità artistica, di avere delle mete più alte. Oggi mi rendo conto che poteva trattarsi semplicemente di una strategia. Si iniziò a parlare di lui come di una persona speciale, come se fosse già un'autorità, sebbene non si sapesse in che campo.

Come spesso avviene, l'aspetto fisico lo aiutava. Non era alto ma ben proporzionato, i capelli biondi e ondulati lo facevano notare da un capo all'altro della strada. Possedeva i bei tratti regolari di quei fotomodelli che pubblicizzano abiti sportivi in auto scoperte, in genere sullo sfondo di spiagge o di valli alpine. C'era in lui un accenno di ruvidezza, un che di militaresco, che non scadeva però mai nella volgarità grazie a un certo autocontrollo. Aveva la disinvoltura studiata del corrispondente di guerra piuttosto che quella spontanea del soldato. Questa padronanza di sé accresceva il suo fascino, perché l'interlocutore aveva la sensazione che gli venisse offerto qualcosa di molto personale, creato appositamente per lui. Ma la sua seduzione più grande risiedeva nella bocca e negli occhi. Le labbra femminee erano ben disegnate, il sorriso appena accennato, quasi timido e gli occhi di un azzurro sorprendente. Parlavano di mari e di cieli, di amicizia, di distese e di abissi, pur mostrandosi sempre interessati a chiunque ne sollecitasse l'attenzione. Uno sguardo simile costituisce un grande vantaggio perché gli occhi scuri lasciano trasparire minor calma di sentimenti. Sembrano indicare una più profonda intensità introspettiva, un interesse concentrato in se stessi; oppure talvolta possono semplicemente abbagliare, ma non catturare l'interlocutore e farlo sentire un privilegiato. Quando conobbi Edward presi a esercitarmi davanti allo specchio per cercare di rendere il mio sguardo altrettanto trasparente e rivolto agli altri quanto il suo. Ma se gli occhi di Edward sembravano proiettare tutto il suo essere su chi gli parlava, i miei mostravano solo un ingannevole sforzo.

Confesso di non aver mai avuto alcun peso nel mondo letterario di Edward e probabilmente avevo un'idea esagerata di quello che lui esercitava a quell'epoca. Insegnavo inglese in una scuola secondaria, un'attività piuttosto distante dalle questioni letterarie, e mi faceva piacere poter dire che conoscevo uno scrittore, anche se erano pochi quelli che ne avevano sentito parlare. A parte gli articoli e le recensioni, a quel tempo Edward non aveva ancora pubblicato nulla, salvo una commedia in un atto che era stata rappresentata al piano superiore di un pub. Stava lavorando al suo primo romanzo, ma sembrava più probabile che sarebbe entrato nell'establishment letterario per la via più diretta, diventando responsabile delle pagine culturali di uno dei principali quotidiani. Una posizione, questa, che procura i più ampi poteri: coloro che la raggiungono siedono nelle giurie dei premi, decidono quante recensioni avrà un libro, quanta pubblicità merita il suo autore, vengono pagati per parlare alla radio e alla televisione e diventano "personalità" letterarie. È utile far sapere che si sta lavorando a un libro la cui pubblicazione deve essere possibilmente rinviata di qualche anno, fino al giorno in cui il nome è abbastanza conosciuto da garantire buone vendite. Quelle sono le persone che decidono in parte ciò che diventa moda letteraria e ciò che andrà solo a riempire la British Library.

Pensavo che Edward sarebbe diventato uno di loro, nonostante sembrasse poco intenzionato a darsi da fare. Era un recensore incisivo, citato, di bell'aspetto e ricco di idee, insomma, prometteva bene. Non so perché si tenesse in contatto con me e perdesse invece di vista altri compagni di università. Non eravamo mai stati particolarmente intimi. Forse era un'abitudine dovuta al fatto che abitavamo entrambi a Kennington; forse desiderava avere modo ogni tanto di parlare con qualcuno che fosse al di fuori del suo nuovo mondo, o forse voleva un discepolo.

E io ero proprio questo. Ero convinto che Edward fosse in procinto di fare grandi cose e mi sentivo lusingato della sua conoscenza. Oserei dire che a livello inconscio mi immaginavo come l'amico che più avanti viene cercato dai biografi e dagli intervistatori televisivi. Non mi importava che fosse un'amicizia pressoché unilaterale, era così e basta. Ogni tre settimane circa lo chiamavo; lui telefonava raramente e solo una volta, mi pare, venne nel mio appartamento: fu quando mi chiese l'auto in prestito. Io passavo da lui per un caffè, un whisky e una chiacchierata. A volte andavamo a mangiare al ristorante indiano o in pizzeria. Edward si nutriva distrattamente, non badava al cibo: non gli importava di non aver fame e, quando ne aveva, mangiava qualsiasi cosa, in qualsiasi posto e a qualsiasi ora. Il frigorifero del suo appartamento era quasi sempre vuoto, fatta eccezione per un cartone di latte per il tè e il caffè, qualche fetta di pan carrè ancora confezionata e un pezzo di burro della Nuova Zelanda, che credo sia rimasto esattamente nella stessa posizione per tutti gli anni in cui visse da solo. Racimolava il cibo. Ricordo che una volta mi disse che racimolava anche le idee, ma non ricordo se questo avvenne prima che tutto avesse inizio.

Era però molto ordinato e il suo appartamento era fin troppo pulito. Si trovava in una vecchia casa a terrazzi con un'austera e tetra facciata e parti comuni in stato di abbandono. Edward abitava a pianterreno e il soggiorno dava sulla strada. La scrivania stava di fronte alla finestra, ma questo non gli creava problemi perché quella strada tranquilla non offriva distrazioni di sorta.Mi chiedevo se quello non fosse un modo per risparmiare energia elettrica, come sarebbe stato invece nel mio caso. La stanza in sé non era affatto come immaginavo dovesse essere la camera di uno scrittore. Non so da dove mi venisse questa idea, ma ricordo che mi aspettavo di trovare l'appartamento pieno di vecchi libri e di pipe – anche se allora Edward non fumava – e arredato con vecchie poltrone di pelle consunta, una grande scrivania antica, un camino aperto, una lampada a stelo di foggia antiquata e qualche tocco un po' esotico, come un teschio o un pappagallo. Niente di tutto questo: la camera aveva le pareti di un bianco asettico, con un tappeto beige e scaffali regolabili di metallo carichi di libri nuovi. Era arredata con una poltrona dalla struttura di metallo e schienale rigido, una scrivania e una sedia da ufficio, uno schedario, una lampada da tavolo flessibile e due caloriferi. Il camino era coperto e non c'erano quadri. Edward non mostrò mai interesse per la musica – eccetto un breve periodo più avanti benché non fosse per la musica in sé – né per la pittura, e non si sentì mai a disagio per l'assenza di quadri e arredi. A me piace stipare le stanze. Riempio tutti gli spazi che trovo, lui invece sembrava non farci caso oppure trovava un reale godimento in quel vuoto. Naturalmente questo contribuiva ad aumentare l'impressione di una stanza fredda: niente a che vedere con la temperatura, ma una sorta di attesa paziente e calcolata.

Tutto iniziò in quella stanza, almeno così credo, anche se le origini della storia sono assai più remote. Ho tentato di ricordare se Edward avesse dei sospetti di essere, come in realtà era, in attesa di qualcosa, ma non riesco a ricordare nulla salvo una sua osservazione che potrebbe essere stata una semplice coincidenza. Accadde dopo che aveva rifiutato la sceneggiatura televisiva e io lo avevo accusato di trascurare la sua carriera. Si girò sulla sedia per guardarmi in faccia e fece quel suo piccolo sorriso. Aveva la luce alle spalle e metà del volto restava in ombra.

"Non credo di dover inseguire la carriera," disse. "È più una questione di pazienza e percezione, di cogliere l'attimo. Allora sarà la carriera a inseguire me."

Quella frase mi rimase in testa, ma fu solo parecchio tempo dopo che mi accorsi di ricordarla. Di Edward si diceva che fosse un brillante conversatore, ma non era particolarmente loquace e, in effetti, ricordo poco di ciò che diceva. So che anche altri hanno avuto la stessa sensazione e ciò rafforza l'idea di irrealtà lasciata dalla sua carriera e dalla sua fama, un'impressione che colpisce perfino me. Invece, riesco a ricordare l'esatto timbro della sua voce, la dizione sommessa e precisa che conferiva una tale gravità ai suoi discorsi che, pur usando le stesse parole degli altri, sembravano significare molto di più. Non so se fosse più arguto di altra gente, ma il modo in cui parlava lo faceva apparire tale. Era come se mettesse le parole fra virgolette, distaccandosene e mantenendosi sempre a distanza. Vorrei poter parlare anche dell'umorismo di Edward, ma mi capitò raramente di ridere in sua compagnia e lui quasi mai con me.

Interpretai la sua battuta sulla carriera come se avesse voluto dire che era solo una questione di cogliere l'attimo in termini artistici. Poco dopo pubblicò il suo romanzo e ricordo che me ne parlò prima che uscisse. In genere, si adeguava alla saggia usanza di non discutere mai di un lavoro in corso, ma una sera che era meno riservato del solito, mi parlò di ciò che aveva tentato di fare, senza riuscirvi, in quel libro. Era molto più autocritico della maggior parte degli scrittori e parlava diffusamente dei suoi tentativi falliti. Quando, in seguito, cominciarono a piovergli addosso lodi e premi, si limitava a commenti singolari del tipo: "Non è così buono come si dice," oppure, "Non è quello che sembra." Tuttavia parlò abbastanza a lungo del suo primo libro. Disse che aveva cercato di scrivere un romanzo "senza la coscienza"; tutti i romanzi in qualche modo coinvolgono l'azione della coscienza, così lui aveva pensato che fosse possibile scriverne uno in cui la coscienza non avesse la minima parte. Ora, mentre il libro stava per essere pubblicato, doveva ammettere di aver fallito. Dicendo queste cose sorrideva, e il suo sorriso aveva il curioso potere di far sembrare il libro immune dalle sue stesse critiche, come se quel particolare fallimento non fosse poi così importante. La coscienza era implicita, chiarì, anche nella sua assenza, e per questa ragione un romanzo senza la coscienza non era possibile come non era possibile una vita senza la coscienza. Tuttavia riteneva che altri aspetti, come lo scenario e la trama, fossero sufficientemente persuasivi perché non ci si fermasse a considerare la vera tesi del libro e il relativo fallimento. Aveva ragione. Quando il libro apparve, ottenne buone recensioni e le vendite furono più alte della norma per un'opera prima.

Quella stessa sera mi aveva dato una copia firmata del libro fresco di stampa. Ne fui deliziato, ma avrei trovato di ottimo livello letterario anche un atlante stradale se lo avesse scritto Edward. In effetti, *è* un buon libro e ha superato la prova del tempo. Ha una sua freschezza, racconta una storia, possiede una visuale equilibrata e un tono intelligente; secondo me il suo vigore consiste proprio nell'assenza di quello stile che avrebbe procurato a

Edward la fama. A quel tempo Edward era solito dire che il miglior stile è quello meno evidente perché così il lettore è talmente concentrato sulla storia da restare ignaro del modo in cui viene operato il trucco o dell'esistenza stessa del trucco. La penso ancora così.

Ad ogni modo il libro per me era senz'altro buono. Allora non leggevo romanzi contemporanei con la stessa scrupolosa attenzione di oggi, ma credo che questo reggesse benissimo il confronto con i suoi pari. Ero anche lusingato che Edward mi parlasse così a lungo del suo lavoro; mi faceva provare per lui un affetto che solo di rado mi era consentito manifestare, pur desideroso com'ero di dedicarglielo. Ma ci fu dell'altro. Dopo che mi ebbe dato il libro, mi sedetti sulla sedia tubolare a sfogliarlo, mentre lui rimase alla scrivania, girato solo a metà verso di me, con la luce sempre alle sue spalle. Nessuno dei due parlò per qualche secondo, ma quasi subito il silenzio divenne opprimente. Tutto mutò con la velocità di un'inquadratura cinematografica e mi colpì come uno di quei terribili sogni dai quali non ci si riesce a liberare: si giace immobili, coscienti della propria impotenza, schiacciati dal peso immane della paura, l'anima – se di questa si tratta – svolazza come un uccello ferito. Tentai di parlare e mi sembrò di non riuscirci nonostante lo sforzo prolungato, ma forse non era trascorso che qualche istante. Alla fine dissi qualcosa a proposito della quiete e il cuore mi martellò nel petto come se fossi appena scampato a un pericolo.

Senza muoversi Edward replicò: "È il motivo per cui vivo qui. Riesco a lavorare solo nel silenzio."

Fu tutto. Non successe più nulla, neppure in seguito, ma ebbi motivo di ricordarmene più avanti.

Non andai alla festa per la pubblicazione del libro di Edward a causa di Chantal. Fu lei l'unica ragione al mondo che poteva impedirmelo. Era la nuova *assistante* francese della scuola e quella era la nostra prima cena. In realtà, si trattò di un teatro seguito da una cena. La pièce era uno di quei messaggi politici presto dimenticati che tanto piacevano al National Theatre a quell'epoca, ma l'importante fu che ci fornì un argomento neutro con il quale farci belli durante la cena ed esplorarci a vicenda. Naturalmente trovai il modo di parlare del libro di Edward e della festa per la sua presentazione, un sistema per farle capire, senza però sottolinearlo troppo, che avevo rifiutato l'invito per lei.

Di certo esagerai perché, mentre stavo ancora parlando, Chantal sorrise e disse: "Avresti dovuto andarci. Avremmo potuto uscire a cena un'altra volta."

Ci avevo pensato, ma poiché erano settimane che volevo chiederle di uscire e avevo finalmente trovato il coraggio di farlo, sorpreso e reso muto dalla facilità con la quale aveva accettato, non volevo rischiare di guastare ogni cosa cambiando il programma all'ultimo. Mi ero innamorato di lei come non mi era mai successo prima. Era bionda con il viso cosparso di lentiggini – lei lo riteneva un difetto – e un sorriso che le addolciva i tratti fin quasi a confonderli. Quando ascoltava qualcuno parlare, il sorriso non l'abbandonava quasi mai. Possedeva, inoltre, il fascino della diversità: le francesi possono essere più o meno belle delle inglesi, ma loro stesse si considerano diverse e spesso lo sono. Probabilmente la stessa cosa vale per gli uomini francesi: il loro orgoglio può sembrare comico, ma conferisce loro una disinvoltura e una voglia di piacere che li rende più attraenti.

Chantal e io ci fidanzammo poco prima che Edward pubblicasse la fatale recensione dell'ultimo romanzo di O.M. Tyrrel. Pur avendo già perso in parte la sua ispirazione Oliver Tyrrel era ancora all'apice della fama. Sia ammiratori che detrattori lo conoscevano sotto il nome di Vecchio Tyrrel oppure semplicemente il Vecchio. Rifiutando il Premio dei Librai aveva dimostrato che, a ottantacinque anni, la sua propensione per i colpi pubblicitari restava immutata. I suoi matrimoni – che già all'età di quarant'anni erano più numerosi dei suoi romanzi – erano divenuti il soggetto di libri scritti da ex mogli avide e amareggiate e il suo nome figurava regolarmente negli articoli scandalistici. I suoi romanzi erano stati tradotti in oltre venti lingue e raggiungevano vendite enormi. Viveva nella più stretta privacy a Villefranche, tra Antibes e Montecarlo, e le sue situazioni domestiche, compresa una donna di mezzo secolo più giovane, erano spesso materia di interesse giornalistico. I titoli riflettevano a volte le sue incursioni in campo politico, di solito per le cause bizzarre e contradditorie di cui si faceva paladino, ed era difficile non sospettare che le avesse scelte proprio per questo. Nella sua vita aveva fatto opposizione praticamente a tutto acquistando agli occhi di molti, compresi certi uomini di governo inquieti, un'incredibile autorità morale, come se il suo punto di vista fosse veramente di un'indubitabile obiettività. Altri lo consideravano invece un ingenuo, un intrigante e un presuntuoso.

Quello che nessuno aveva mai messo in discussione, prima della recensione di Edward, era la reputazione letteraria di Tyrrel. Era il decano delle lettere inglesi, da decenni dominava il panorama della moda letteraria, senza sopraffare i nuovi movimenti ma salendo con essi e restandone sempre al vertice. Era come se quei movimenti non potessero ottenere la consacrazione ufficiale fino a che Tyrrel non li avesse cavalcati. Questa situazione si era talmente perpetuata da sembrare nell'ordine naturale delle cose.

All'epoca della recensione di Edward non si poteva sapere che quello sarebbe stato l'ultimo libro di Tyrrel, sebbene si intuisse che la fine si stava avvicinando. Era un libro fiacco, forse una rielaborazione di vecchio materiale, un'opera in cui l'idea centrale non prendeva abbastanza corpo nei personaggi e nell'azione, limitandosi ad affiorare come la carena di una vecchia barca. Tyrrel non possedeva più l'energia o l'immaginazione per infondere vita a questo libro, tuttavia esso aveva un suo interesse in quanto sia il tema che lo stile ricordavano certi suoi romanzi giovanili, prima che diventasse famoso. Aveva esordito con un romanzo dalla forma estremamente tradizionale, la storia di un uomo ossessionato da un tradimento commesso molti anni addietro; ora, nel suo ultimo libro, Tyrrel cercava di riproporre la versione moderna del tema di Faust. Ma era trattato in modo troppo semplicistico e, in un certo senso, troppo tardi.

La recensione di Edward fu in realtà un vero e proprio articolo: si occupava parzialmente del libro in questione per poi trasferire la sua attenzione sull'intera opera di Tyrrel. Il pezzo era per un settimanale perciò Edward ottenne più spazio del solito, ma anche così non dispose che di una dozzina di paragrafi. Era un articolo geniale fatto di dichiarazioni succinte e intelligenti; faceva l'effetto di un verdetto emesso da un giudice di indiscutibile saggezza e imparzialità, ma tutto sommato era un verdetto di condanna. Il succo era che Tyrrel aveva iniziato bene la propria carriera, ma poi, dominato dall'idea di essere destinato a dettar legge in campo letterario, si era allontanato dalla realtà e da qualsiasi nozione di responsabilità nei confronti della propria arte, e aveva infine ceduto all'illusione di incarnare lui stesso l'arte. La conseguenza era una spasmodica ricerca della novità e una crescente "interiorità" nella sua scrittura. Non erano i personaggi a contare per lui ma le sue stesse reazioni e i suoi stessi pensieri; riteneva che questi avessero pari importanza anche per gli altri. Era come se nulla fosse reale all'infuori di quello che scriveva lui. Questo, naturalmente, non è insolito fra i romanzieri, e risulta fatale solo alla lunga; Tyrrel, invece, forse più sensibile di altri, presto si accorse che i suoi pensieri erano meno sostanziali e originali di quanto avrebbe desiderato, così cominciò a cercar rifugio nello stile. L'enfasi data allo stile a scapito di tutto il resto, questa insistenza sul fatto che non solo la materia e lo stile si possono separare, ma che l'una sia più importante dell'altro significava annullare se stesso. Nei suoi romanzi più famosi, diceva Edward, Tyrrel non era altro che un cane che si mordeva la coda nella speranza che le sue bizzarrie incantassero i lettori mentre i suoi libri divenivano sempre più inconsistenti. Nonostante la fama, l'insieme della sua opera non era altro che la parodia di ciò che avrebbe potuto scrivere, una danza intorno al vuoto.

Come spesso accade nelle controversie letterarie, gli effetti delle critiche furono positivi per ambo le parti in causa. La discussione sui libri di Tyrrel ne stimolò ulteriormente le vendite. Il settimanale in cui era apparsa la recensione fece un passo avanti verso l'inserimento nel numero delle pubblicazioni serie e venne citato il nome di Edward. In effetti, quello che aveva scritto non diede luogo a controversie, infatti quasi tutti erano d'accordo con lui; la porta era già schiusa, ma nessuno prima di lui aveva pensato a spalancarla. Quando questo avvenne, tutti si affrettarono dietro di lui. Si parlò di Edward come se fosse già un autore affermato, quasi un'autorità letteraria. Il suo unico romanzo fu citato come se fosse ben conosciuto, cosa che in seguito avvenne. Tuttavia, Edward non aveva detto nulla di nuovo; al contrario, aveva detto ciò che tutti già pensavano senza però rendersene conto. Lui ci era arrivato in un unico balzo.

La conseguenza più stupefacente fu la reazione del Vecchio. Noto per il costante rifiuto di parlare dei suoi libri così come per la segretezza delle sue relazioni personali, scrisse a Edward chiedendogli se voleva venire a Villefranche per intervistarlo. "Se non è già stufo di scrivere su di me." Edward mi mostrò la lettera il giorno che portai Chantal a casa sua per presentargliela. Eravamo tutti e tre eccitati: io perché ero con lei e la stavo presentando all'uomo che consideravo il mio migliore, se non il mio più intimo, amico; lei perché era interessata all'incontro con un giovane autore famoso; lui per via della lettera.

Ce la mostrò con un sorriso, dicendo che sarebbe stato tipico del Vecchio averla scritta solo perché sapeva che la morte era prossima e che se ne sarebbe andato prima dell'arrivo di Edward. Ricordo di aver notato la piccola firma tremolante con uno svolazzo finale che quasi si ricongiungeva all'inizio. Mi sembra che anche Hitler firmasse in quel modo negli ultimi anni, forse il segno di una mente ossessionata. Ma c'era qualcosa di sinistro, quasi di cabalistico in quella firma, che gelò il mio sorriso. Sembrava riflettere un'intensa pressione, un piccolo cerchio di dolore senza fine, irraggiungibile e inesprimibile, strettamente personale. Ma gli altri non sembravano turbati e io non ci feci più caso.

Uscimmo tutti a cena. Chantal ed Edward erano di ottimo umore e io ero contento di vederli così. Ero davvero felice e fiero. Si era parlato di una ragazza per Edward – era attorniato da un imprecisato e fluttuante gruppo di donne, un paio delle quali mi erano state presentate di sfuggita – che avrebbe dovuto unirsi a noi, ma lui disse che non aveva trovato il tempo di telefonare a nessuna. Quella sera noi tre stringemmo una specie di legame che sarebbe durato anni. Concordammo che ci saremmo ritrovati in Francia. Durante le vacanze della scuola Chantal e io dovevamo andare ad Antibes per stare con la sua famiglia, che io non conoscevo ancora. Senza alcuna pressione da parte mia – ci avevo pensato, ma temevo un rifiuto, il suo modo educato e calmo di dire di no era più demoralizzante di qualunque altro – Edward si dichiarò disposto a raggiungerci e "affrontare il vecchio Tyrrel", come disse. Antibes era a soli pochi chilometri di costa dalla casa di Tyrrel a Villefranche. Saremmo stati insieme.

Se la felicità è uno stato di aspettativa, quella sera segnò il punto più alto dell'ultimo periodo felice della mia vita. Dopo di allora ho conosciuto la soddisfazione e l'impegno produttivo, ma l'aspettativa è divenuta una questione sempre meno allegra e la consapevolezza di quel che prese avvio allora ha in ogni caso minato la mia fiducia nella possibilità che esista qualcosa di non contaminato.

Capitolo 2

G

Gill
Eric Gill
1928-32

Capitolo 2

Ad Antibes in dicembre fa spesso caldo, un clima da maniche corte, ma la sera abbastanza fresco da indossare una giacca. I turisti, che rendono il posto ancor più intollerabile durante l'estate – troppo caldo per i miei gusti – se ne sono andati, e rimangono solo gli yacht a beccheggiare nel porto. La cittadina riprende il suo volto, negozi e ristoranti sono aperti in numero sufficiente per rendere la vita gradevole, il mercato coperto è animato ma non affollato e i bar offrono angoli in penombra dove chiacchierare in pace. La città assume un'aria rilassata, un ritmo tranquillo e un po' sonnolento, come se vi potesse accadere tutto e niente al tempo stesso.

I genitori di Chantal vivevano con la figlia minore, Catherine, in un nuovo complesso di appartamenti con vista sul porto. La casa era grande e bella e la maggior parte delle camere guardava sul mare, l'antico castello e il profilo roccioso della costa sullo sfondo. Dopo l'eterno grigiore del mite inverno londinese, i blu, i verdi, i bianchi e quella luminosità del tutto inattesa mi facevano sentire doppiamente vivo. Ogni cosa era immersa in una gran luce radiosa. Ne vedevo l'effetto su Chantal: appariva più spontanea, più vivace e rilassata, meno controllata. Fece bene a entrambi allontanarsi dalla noia stressante della scuola e Chantal era contenta quasi quanto me del fatto che Edward ci avrebbe raggiunti. Ne parlammo alla sua famiglia che, come la maggior parte degli abitanti della costa, trovò del tutto naturale che un famoso scrittore straniero come Tyrrel desiderasse vivere tra loro, senza per questo sentire la necessità di leggere i suoi libri. Trovavano anche naturale che questo nostro amico fosse l'unico scrittore in trent'anni a intervistare il grande recluso, come se gli autori inglesi fossero così scarsi da doversi dare una mano fra loro. Su consiglio di Chantal chiamai Edward per invitarlo a stare da noi, ma rispose soltanto la sua segreteria telefonica. Pensai che fosse già partito perché mi aveva detto di voler trascorrere qualche giorno a Parigi per poi scendere al sud. Mi sentii segretamente sollevato in quanto sospettavo che avrebbe preferito una sistemazione indipendente e non avrei voluto ricevere un rifiuto.

Un giorno, prima che Edward arrivasse, andai con Chantal a Villefranche. Non avevamo altro scopo che goderci il panorama, così prendemmo il treno che corre lungo la costa sul retro di case e appartamenti. Mi pareva di compiere un'indiscrezione a guardare le case da dietro, con la loro biancheria stesa, i cortili in disordine, i mattoni sbeccati e il cemento macchiato, come se stessi sbirciando non visto qualcuno con le mutande sporche e sbrindellate. Cercai di spiegarlo a Chantal, ma riuscii solo a farla ridere.

Mi fu risparmiata la vista del retro di Villefranche perché la stazione è stata ricavata nella roccia e si apre sul mare. È un bel porto naturale, chiuso su un lato dalla città vecchia con i suoi edifici alti e un po' sghembi, i tetti rossi e la bianca fortezza romana e saracena, e sull'altro lato da Cap Ferrat che si curva come un grande braccio protettivo e termina in un pugno di rocce e arbusti. Il capo è ancora abbondantemente ricoperto di vegetazione, sebbene questa sia punteggiata dalle macchie bianche delle ville sempre più numerose. Quelle sul mare sono principesche, quelle in alto sono più piccole e più isolate. Persino i nuovi appartamenti e alberghi, costruiti alla base del promontorio, a quell'epoca non guastavano troppo la bellezza sinuosa di quel tratto di costa. Non era strano che Tyrrel avesse scelto di viverci, ma era un miracolo che riuscisse a lavorarci. Per me quello era un luogo di pura contemplazione, dove vivere in perenne stato di sogno.

Passeggiammo per le ripide stradine della città vecchia e lungo la galleria ora occupata da negozi e usci di abitazione, ma che forse un tempo era servita a difendersi dagli attacchi dei saraceni. In una piccola piazza una troupe cinematografica stava riprendendo due ragazze in pelliccia che salivano e scendevano da un'automobile rossa. Si trattava evidentemente della pubblicità dell'auto, ma io fui più colpito dalla disinvolta bellezza delle due ragazze. Pensai che in Inghilterra non se ne vedevano di simili, salvo che a Londra. Altrettanto insoliti erano la sfacciata bellezza e il fascino del tutto naturale del regista che si esprimeva, una Gauloise penzoloni fra le labbra, in una serie di alzate di spalle sconsolate e di gesti moderatamente drammatici, con la mimica propria dei francesi. Le ragazze sembravano languidamente annoiate.

Ci fermammo a pranzare poco lontano, in un piccolo ristorante più simile a un bar ma che aveva un aspetto molto accogliente. I tavoli avevano una semplice tovaglia di carta bianca e il banco del bar, che fungeva anche da tavola fredda e da cassa, era di legno vecchio e lustro. Il primo locale dava su una stanza più angusta e scura. Forse Chantal avrebbe preferito rimanere in quella più luminosa, mentre io prediligo gli angoli appartati, quindi proseguimmo per la seconda saletta, dalla quale peraltro vedevamo la prima stanza e al di là la strada che conduceva al porto.

Passando dalla vivida luce dell'esterno al buio della saletta, non ci accorgemmo subito di non essere soli. Furono l'odore di sigaro e il mormorio di una voce maschile a farci notare la presenza di un vecchio alto con i capelli candidi che sedeva di traverso su una sedia, schiena e testa appoggiate al muro. Era in compagnia di una donna molto più giovane che ci volgeva la schiena, i lunghi capelli neri raccolti a coda di cavallo. Di tanto in tanto si passava una mano dietro la testa per liberare i capelli impigliati nello schienale, ma questi tornavano a impigliarsi ogni volta che lei si appoggiava all'indietro. L'uomo smise di parlare, si riaccese il sigaro dopo aver frugato fra i fiammiferi con le grosse dita. La donna disse qualcosa poi ci fu una pausa. Parlò lui, e di nuovo una pausa. Era come se una trattativa reiterata e inconcludente riprendesse sempre da capo senza una logica.

Chantal volgeva loro la schiena, e quando i miei occhi si furono abituati all'oscurità, fui io ad accorgermi che si trattava di Tyrrel. Il sigaro, i capelli bianchi spettinati, il volto straordinariamente segnato dalle rughe e il profilo imperioso mi furono immediatamente familiari grazie alle immagini dei giornali domenicali, che però da tempo non riportavano più le sue parole. Quando lo dissi a Chantal ci mettemmo entrambi a ridere. Pareva così assurdamente naturale, così stranamente logico. Era il segno dell'approvazione divina alle nostre vacanze, un'indicazione che il mondo si metteva al passo con noi. Non vedevo l'ora di raccontarlo a Edward.

Ridemmo allegramente sulla nostra fortuna, e quell'allegria comprendeva anche Villefranche, Antibes, i deliziosi pranzi in quegli ottimi ristoranti, la lontananza dalla scuola e da Londra, noi stessi. La compagna di Tyrrel si girò a metà verso di noi. Non riuscii a vederla bene, ma ebbi l'impressione di un bel volto dallo sguardo severo, non la bellezza annoiata del tipo *toccami-se-hai-il-coraggio* delle modelle che avevamo visto, ma una vivacità pronta e penetrante. Capimmo, naturalmente, che si trattava della giovanissima compagna senza nome di Tyrrel.

Ci fu del trambusto nella sala attigua, voci, risa, il rumore di sedie e tavoli spostati, di tappi che saltavano. Era la troupe del film sulle cui caratteristiche francesi mi ero appena pronunciato; fui costretto a ricredermi perché fu subito evidente che erano inglesi. Ridemmo anche di quello. Tyrrel si girò verso il baccano e io ebbi una rapida visione dell'intera faccia. Era vecchia, flaccida e asimmetrica, segnata e rugosa come cuoio rinsecchito. Quest'uomo era una tale istituzione che spesso ci si dimenticava quanto fosse vecchio. Tuttavia quel volto era vitale e sotto le sopracciglia bianche e cespugliose gli occhi erano di un azzurro intenso, come quelli di Edward. Disse qualcosa alla donna che annuì e liberò nuovamente la coda di cavallo dalla sedia. Poco dopo se ne andarono.

Non rimanemmo a lungo. I compatrioti all'estero sono sempre fonte di imbarazzo e l'accento e i modi di dire di Sloane Square, o Wardour Street, o di dove diavolo erano, suonavano come ripetute offese alle mie orecchie. Fu un sollievo chiudersi la porta alle spalle.

Camminammo verso il porto. Gran parte della cittadina si fermava durante il primo pomeriggio e il mare stesso sembrava addormentato. Volevo esplorare il forte, ma Chantal individuò Tyrrel e la donna che camminavano lentamente lungo la curva della baia in direzione di Cap Ferrat.

"Ecco dove abita," disse. "Li seguiamo? Così potremo dire a Edward come arrivarci."

Non c'era molta gente in giro quindi ci mantenemmo a distanza. Tyrrel camminava molto lentamente e la donna gli reggeva il braccio. Era alto e si piegava verso di lei, la sua testa bianca annuiva; guardandoli da lontano sembrava che fosse lei a sostenerlo e probabilmente era così. Fui sorpreso che una persona di quell'età potesse intraprendere una simile camminata, per non parlare della salita alla fine del lungomare, che notammo solo una volta raggiunto il capo. Una lunga fuga di gradini in cemento conduceva a un incrocio, costeggiando grandi ville. Continuavano a fermarsi e noi eravamo costretti a fare altrettanto. A tratti, pareva che lei lo forzasse ad andare avanti; durante una sosta Tyrrel si staccò da lei togliendo il braccio dal suo. Lei lo lasciò andare per qualche gradino, poi lo raggiunse e gli riprese il braccio. Ogni volta che si fermavano, noi ci voltavamo ad ammirare il panorama. Il cielo azzurro, il mare calmo e luccicante, gli edifici bianchi e malandati del porto, la vegetazione del capo che si stendeva davanti a noi, i tre pescherecci in secco sulla spiaggia di un porticciolo più in basso e un'alta casa antica che sembrava sorgere direttamente dal mare, erano tutti soggetti da cartolina. Poi ci giravamo nuovamente per seguire il vecchio in velluto a coste marrone e la donna dalle gambe nude e abbronzate, con la lunga coda di cavallo nera e una morbida gonna bianca.

Quando arrivammo all'incrocio dove la strada scende verso la punta del capo, scoprimmo che dovevamo arrampicarci ancora. Tyrrel e la donna avevano oltrepassato l'incrocio e stavano salendo lungo un sentiero tra l'erba e gli alberi. Era una stradina, il Chemin des Moulins, che si snoda proprio lungo la cresta di Cap Ferrat e raggiunge numerosi cottage di vecchia data e ville nascoste. Nessun veicolo vi può arrivare, e questo probabilmente ha salvaguardato la zona, ma, a giudicare dal numero di impianti antifurto, non sembrava più tanto irraggiungibile come un tempo. Dovemmo avvicinarci alle nostre prede per vedere in quale cancello sarebbero entrati. Camminavano ancora più lentamente.

"Lo ucciderà facendogli fare simili scalate," disse Chantal.

Il Vecchio teneva un braccio sulle spalle della donna e si afferrò con l'altra mano alle sbarre della cancellata non appena la raggiunse. Si fermarono due volte perché lui potesse riposarsi un momento, poi, finalmente, girarono verso un cancelletto di legno. Li lasciammo sparire alla nostra vista e poi proseguimmo.La casa era vecchia e da quel lato non sembrava molto grande, ma poiché quasi tutta la costruzione era rivolta verso la baia, era difficile giudicare. Aveva muri di intonaco grezzo, piccole finestre e grosse tegole ricurve. In un secondo tempo doveva essere stato fatto un ampliamento che alzava la casa di un piano permettendo la vista su Villefranche al di là della baia. Il giardino, che era stato sistemato a gradinate, era pieno di olivi e scendeva ripido verso la strada sottostante, fuori dalla nostra vista. Dall'altro lato della stradina il terreno precipitava altrettanto bruscamente in un groviglio di olivi e giardini incolti. Forse anche quel terreno apparteneva a Tyrrel, non sembrava che vi fosse un altro proprietario. Al di là si vedeva la curva della costa listata di schiuma, verso Montecarlo. Dal piano alto della casa era forse possibile vedere entrambi i versanti di Cap Ferrat.

Sostammo per un po' a guardare il doppio panorama, finché non si fece più fresco e il sole fu ingoiato di colpo da una nuvola nera che spuntava da dietro l'estremità del promontorio. Il porto passò dall'azzurro all'indaco e l'acqua si fece minacciosamente livida, muovendosi come un tappeto gonfiato dal vento. Ricordai che Tyrrel aveva descritto le burrasche che scoppiano senza preavviso sulla costa in certi periodi dell'anno, e come il mare si metta a ribollire e a incupirsi in un istante, travolgendo yacht e piccole imbarcazioni a vela quando il vento si abbatte sull'acqua.

"Sta per piovere," disse Chantal. "Andiamo."

Odiava la pioggia, a me invece piace molto; è stimolante e possiede umori diversi. Ma quella si preannunciava come una vera e propria burrasca, così ci affrettammo a scendere i gradini che costeggiavano il giardino di Tyrrel fino alla strada sottostante. Non c'era riparo sul sentiero, ma pensavamo di trovarne uno sulla strada. Dopo pochi metri mi fermai e guardai indietro. Il lato della casa che fronteggiava Villefranche aveva due grandi vetrate, una sopra l'altra e divise da un balcone. A quella più in alto era affacciata la donna. Ero troppo distante per vedere chiaramente il suo volto, ma di nuovo ebbi l'impressione di lineamenti adunchi, quasi da uccello. Alzò lentamente le braccia nude dietro la testa e sciolse la coda di cavallo. Scosse il capo e si passò le dita tra i capelli, tenendo gli occhi fissi per tutto il tempo sul mare minaccioso e sulla nuvola nera che ora copriva il porto. Alla finestra di sotto vidi Tyrrel con le mani nelle tasche dei pantaloni di velluto, le spalle curve che, come lei, fissava quell'oscurità apocalittica.

Caddero enormi gocce di pioggia. Chantal mi chiamò. Era in una rientranza dei gradini sotto una vecchia tettoia rotta. Stavo per raggiungerla quando ci fu un lampo che attraversò tutto il cielo. L'acqua era viola scuro, si sollevava e ricadeva come fosse in travaglio. Le nuvole si infittivano, sempre più nere, e il vecchio forte sulla punta di Villefranche si ergeva contro il mare e il cielo con un biancore irreale. Ci furono altri lampi seguiti da tuoni e altre gocce più pesanti e veloci.

Nella stanza superiore la donna protese di nuovo le braccia sopra la testa guardandosi le punte delle dita allargate, girando le mani in avanti e indietro. Poi si voltò con le braccia ancora sollevate, e si diresse verso l'interno della stanza, scomparendo come in un abbraccio. Sotto, il Vecchio restava lì a guardare cupo, ma quando il tuono rombò di nuovo e la pioggia divenne scrosciante, si portò le mani al volto.

Capitolo 3

M

Futura
Paul Renner
1927

Capitolo 3

Fu allora che Chantal e io rischiammo una lite prima del matrimonio. Si era rifugiata sotto la tettoia, ma la lamiera ondulata era bucata e l'acqua le infradiciò i capelli. Non l'avevo raggiunta immediatamente quando mi aveva chiamato e questo l'aveva innervosita, anche se non sarebbe servito a nulla se l'avessi fatto; in fondo ero io che mi ero inzuppato correndo per una ventina di metri. La pioggia cadeva in tutte le direzioni e con una ferocia che sembrava rivolta proprio contro di me. Mi percuoteva le guance, la testa e il corpo e cancellava la vista della casa. La si poteva paragonare senza esagerazione a una miriade di spilli. Ma io ridevo e questo irritò ancora di più Chantal; mi venne voglia di raccontarle ciò che avevo visto, il che la mandò su tutte le furie. La superficie del nostro rapporto era incrinata da un'esasperazione profonda, alla quale non avevo mai assistito prima. Era come un mare calmo e lucente solcato per un istante da un bagliore sinistro.

"Non essere sciocco," disse, sottolineando l'ultima parola.

Fu solo un momento, poi subito prese a rimproverarmi per essermi bagnato con un petulante atteggiamento materno, una tendenza che allora trovavo attraente. Gradii quelle attenzioni.

Edward arrivò di lì a poco. Telefonò e disse di aver prenotato una stanza in un piccolo albergo ad Antibes, perché non era riuscito a trovare una stanza a Villefranche. Tyrrel non lo aveva invitato a restare a dormire. Si mostrò piuttosto riluttante a incontrarci prima di vedere Tyrrel, ma io gli dissi che avevamo qualcosa di importante da raccontargli, così la sera del suo arrivo andammo tutti e tre a cena da Englert's, vicino al vecchio porto. Fuori stagione Englert's è un luogo rilassante dove si può stare tutto il giorno con una tazza di caffè e un giornale o un libro. Se fossi uno scrittore mi piacerebbe lavorare in posti come quello, seduto a un tavolo vicino alla finestra per poter osservare il mondo, nascosto, indisturbato, senza guardare se non mi va, ma con mille cose da vedere se me ne venisse la voglia.

Durante la cena parlammo di argomenti che fecero comprendere a Chantal e a me che in fondo sentivamo una certa nostalgia di Londra, ma ce n'eravamo resi conto solo sentendone riparlare. Edward indossava giacca e cravatta, un abbigliamento molto più formale del solito, ma cessò quasi subito di sembrarci fuori luogo e, verso la fine della serata, sembrava addirittura che lui fosse l'ospite e noi gli stranieri. Il suo francese era buono, migliore del mio, e si scoprì che aveva trascorso la maggior parte delle sue vacanze con certi parenti francesi a Chantilly. Quella fu la prima volta in cui rimasi sorpreso di quanto poco sapessi di lui e del suo ambiente. Veniva dallo Yorkshire dove il padre faceva l'avvocato – credo che anche la madre fosse avvocato, comunque i suoi erano divorziati – e aveva un fratello e una sorella che vedeva di rado. Molti parlano volentieri del proprio passato, ma Edward non lo faceva quasi mai. In effetti, raccontava pochissimo di sé. Parlava di fatti di cronaca, di libri o di persone e faceva molte domande ai suoi interlocutori inducendoli a parlare. In questo modo, dava l'impressione di essere comunicativo mentre, in realtà, si teneva sulle sue. In più, c'era qualcosa in lui che scoraggiava le domande: l'idea che certi fatti magari importanti per gli altri, fossero per lui troppo banali per doversene occupare. Era come se Edward non fosse interessato ai casi della vita e alle persone, ma solo ai propri obiettivi, ma di questi non si poteva discutere in dettaglio poiché riguardavano operazioni non ancora compiute.

Quando iniziammo a raccontargli del nostro incontro con Tyrrel, tutta la faccenda sembrò meno significativa di quanto ci apparisse prima. Forse Edward si aspettava che ci fosse stato uno scambio di parole o addirittura un messaggio, invece tutto si ridusse alla descrizione di ciò che avevo visto sotto la pioggia. Fui ripetitivo, ricamai sui fatti e li gonfiai fino al punto in cui l'iperbole minaccia la coerenza. Gli occhi azzurri di Edward mi fissavano impassibili, il suo atteggiamento era assai più sconcertante di qualsiasi segno di irrequietezza o di perplessità. Conclusi sollecitandolo a far visita a Tyrrel prima che morisse di un attacco di cuore o decidesse di farla finita da solo. Mi disse che si dovevano incontrare la sera seguente e, forse per farci piacere, propose di vederci di nuovo da Englert's la sera ancora successiva.

Non racconterò quello che seguì nell'ordine in cui mi fu rivelato. Se lo facessi, vi trovereste nella stessa confusione in cui sono vissuto io per tanti anni. Molti di noi pensano di conoscere la propria posizione e non hanno dubbi su quello che hanno di fronte, fino al giorno in cui altre persone o gli eventi ci dimostrano il nostro errore: fatto non così infrequente. Quando succede agli altri, si riesce a considerare il fatto con serenità d'animo; quando accade a noi sembra crudele e ingiusto, quasi un oltraggio, come forse può apparire la morte. Ancora adesso, se mi guardo indietro, so di non riuscire a vedere il quadro completo.

Il mattino successivo all'incontro tra Edward e Tyrrel – quindi il giorno in cui avremmo dovuto cenare insieme – fu annunciato che Tyrrel era morto durante la notte. Forse fu destino che Chantal e io ce ne andassimo in giro tutto il giorno ignorando la notizia, ma un destino con più implicazioni legate a me che a lei. È una delle caratteristiche della nostra società di poter ricevere notizia degli eventi di altri continenti quasi nello stesso istante in cui avvengono, mentre la morte del nostro vicino al di là della parete può passare inosservata. Certo, non che Tyrrel fosse un vicino, ma la sua morte a pochi chilometri di costa da noi fu un evento internazionale di cui non sapemmo nulla perché quel giorno non ci interessammo di televisione né di radio e le persone che lo fecero non credettero di doverci dare una notizia che ritenevano di pubblico dominio. Qualsiasi fosse la ragione, Chantal e io vagabondammo per tutto il giorno senza che nessuno menzionasse Tyrrel.

Fu solo quando stavamo uscendo per incontrarci con Edward che Catherine, la sorellina di Chantal, disse: "Siete stati fortunati a vedere quello scrittore inglese. Mi chiedo se sia morto mentre il vostro amico era con lui."

Ci precipitammo da Englert's e aspettammo, ma Edward non venne. Ci dicemmo che avrebbe di sicuro telefonato se qualcosa lo avesse trattenuto, ma alla fine, non sapendo più che pensare, telefonai al suo albergo. Ci dissero che la sua camera non rispondeva. Ero deciso ad andare a cercarlo in giro, ma Chantal, con maggior buon senso, insistette per cenare prima. Fui colto dall'irragionevole terrore che Edward fosse in qualche modo responsabile della morte di Tyrrel e che venisse addirittura accusato di omicidio. Al che Chantal quasi scoppiò a ridere. Come potevo, disse, sospettare Edward di violenza? Sembrava il più calmo, il più gentile e pacifico degli uomini. Ciò che non riuscivo a spiegare era che a preoccuparmi non era la possibilità che Edward avesse ucciso Tyrrel – stranamente davo per scontato che ne fosse capace – quanto la sensazione che gli fosse successo qualcosa.

Dopo cena andammo al suo albergo, ma la stanza ancora non rispondeva. Proposi a Chantal di chiedere in prestito l'auto a suo padre e andare a Cap Ferrat. Rimase sbigottita: perché ero così spaventato? Edward non era un bambino, sapeva usare il telefono se aveva bisogno di aiuto. E Tyrrel era morto, quindi che senso aveva andare a guardare la sua casa nell'oscurità? Non mi aveva mai visto così, disse. Ero peggio di un genitore apprensivo, ero *stupido* (usò di nuovo questa parola). Ma io insistetti e prendemmo l'auto controllando che Edward non avesse telefonato nel frattempo.

Era una sera tranquilla e non ci volle molto a

raggiungere Cap Ferrat. Pensavo che Chantal si sarebbe di nuovo arrabbiata con me, ma sembrava rassegnatamente divertita, o forse solo rassegnata. C'era un bellissimo cielo stellato e, dalla strada che corre lungo il margine di Cap Ferrat, la luna tracciava una striscia increspata attraverso la baia fino al forte. Ci fermammo ai gradini lungo i quali eravamo scesi durante il nostro litigio.

"Aspetto qui," disse Chantal.

L'assurdità di quanto stavo facendo mi colpì mentre salivo la scala da solo. Per essere più esatti, sapevo di apparire assurdo, ma non mi sentivo affatto tale. Ero convinto di agire nel modo giusto, anche se non sapevo dire perché. Non sono un sensitivo, o almeno non lo sono più della maggior parte delle persone. Non mi sento portato per la telepatia o cose del genere. Cerco di registrare ciò che è accaduto o che mi sembra sia accaduto, perché potrebbe accadere di nuovo. Ma dopo tutti questi anni non sempre riesco a essere chiaro su ciò che realmente *accadde*, soprattutto perché non fu chiaro neppure allora. Al contrario di quanto si dice, la lingua quotidiana che utilizziamo per descrivere gli avvenimenti che ci riguardano è abbastanza adatta allo scopo; è, o può essere, precisa. È molto più difficile descrivere il mondo vago in cui le cose avvengono e non avvengono, in cui una cosa diventa visibile solo se la si cerca, udibile solo se la si ascolta, presente solo se la si aspetta. Né è sufficiente classificare questi nebulosi eventi come i prodotti di una mente credula perché spesso, per caso o per disegno, essi ne influenzano altri. Ci sono fenomeni più strani che i fisici conoscono: particelle sub-atomiche che non occupano alcuno spazio ma che hanno una velocità e una direzione e un modello di comportamento che si possono modificare per il semplice fatto di essere osservate.

Quella sera mi sentivo come una di queste. I gradini erano irregolari e invasi dai cespugli, ma alla fine trovai il punto oltre la tettoia dove mi ero fermato sotto la pioggia. C'erano solo un paio di luci accese nella casa, ma nessuna alle finestre dove avevo visto Tyrrel e la donna affacciati, anche se il chiarore lunare penetrava nelle stanze. Rimasi fermo per un attimo, perplesso. Non so che cosa mi fossi aspettato di vedere, ma mi aspettavo qualcosa e non accadeva nulla. Mi sentii deluso e frustrato, persino preso in giro. Guardai ostinatamente alle grandi finestre vuote. Un animale mosse l'erba lì vicino e la brezza mosse gli olivi. Sapevo di prolungare l'attesa di Chantal, ma continuai a guardare. Un impulso mi spinse verso le finestre, ma mi resi conto di non essere ancora arrivato nel punto in cui dovevo andare. Pochi passi più in là vidi un varco nello steccato, dove le assi erano divelte e pendevano di traverso. Mi infilai dentro l'erba alta e l'intricata vegetazione. Mi sembrava di fare molto rumore. Di colpo mi resi conto che la casa poteva essere abitata, che avrei potuto essere arrestato in una zona così battuta dai ladri e che nessuna delle mie spiegazioni sarebbe apparsa credibile; ma continuai a farmi strada attraverso gli arbusti finché non raggiunsi uno spiazzo a circa trenta metri dalla casa, proprio davanti alle due finestre. Il chiaro di luna piena non mi preoccupava.

Non posso dire con certezza di aver visto davvero qualcosa, anche se penso di averla vista. Quello che posso affermare, anche a distanza di anni, è che provai la netta sensazione di essere osservato. L'ansia che mi aveva seguito per tutta quella sera e che mi aveva condotto là senza un motivo valido svanì. Sentii che ero venuto proprio per quello, come se fossi stato convocato. Non ero né spaventato né particolarmente eccitato e non pensavo più a Edward. Continuai a fissare le finestre ma tranquillamente, senza l'ansia di prima; ed ecco che dopo un po' credetti di vedere la donna. Dico "credetti" perché non ero sicuro di vederla, forse si trattava semplicemente di una fortissima suggestione. Difficile dirlo: non sarei comunque stato in grado di descrivere i suoi tratti. L'unica cosa che sapevo con certezza era che mi sentivo avvolto da uno sguardo acuto e interrogativo.

Poteva essere qualche strano effetto della luce lunare e probabilmente quella era la cosa più sensata da pensare. Tuttavia ci fu un momento preciso in cui la sensazione cessò e mi parve che la donna lasciasse il suo posto. La mia ultima visione furono delle braccia nude, dapprima conserte, e poi sollevate, mentre si voltava, come per un abbraccio. Probabilmente un altro frutto dell'immaginazione fu la figura di un uomo dietro di lei nella camera. Dopo non successe più nulla e io non vidi più motivo di restare lì. Presi la via del ritorno fra l'erba fino al varco nello steccato e scesi lentamente i gradini, verso Chantal e l'auto. Quando lei mi domandò se avessi visto qualcosa, le risposi di no.

Non ero più preoccupato per Edward e quando il mattino successivo lo vidi seduto dietro i vetri di Englert's mentre ritornavo dal mercato, non ne fui quasi sorpreso. Sedeva con una tazza di caffè e un sigaro, penna e carta accanto. Non lo avevo mai visto fumare prima.

Ci salutammo con una stretta di mano, una cosa che non facevamo mai in Inghilterra. Vidi che aveva fatto dei ghirigori sulla carta, grandi figure circolari che si intrecciavano.

"Ti stavo aspettando," disse.

I suoi modi parevano evitare qualsiasi domanda sul fatto che la sera prima non si era fatto vedere e non aveva neppure telefonato. Era come se la sua presenza scusasse ogni cosa.

Mi sedetti. "Non ti ho mai visto fumare."

Si mise il sigaro fra le labbra e scrollò le spalle, con i gomiti sul tavolo. La camicia era aperta sul collo, le maniche arrotolate, quel mattino non si era fatto la barba.

"Che cosa è successo?" domandai, leggermente irritato.

"Abbiamo cenato e chiacchierato. Ha avuto un infarto dopo che me n'ero andato. L'hanno trovato la mattina."

"Mi era venuta la folle idea che tu fossi in qualche modo implicato e che la polizia potesse accusarti."

"Ho dovuto rilasciare una dichiarazione. Sono stato l'ultimo a vederlo."

"E la sua donna?"

"A parte lei."

"Com'è?"

"È stata con noi pochissimo. Eravamo solo lui e io."

'Lui e io', il riferimento a uno scontro tra gladiatori sembrava essere stato il tema della serata. Da quello che allora mi raccontò, sembrava che Edward avesse trionfato in una lotta che aveva comunque accresciuto il suo rispetto per l'avversario. Il resto lo appresi anni dopo in circostanze affatto diverse, e a quel tempo era chiaro che né la lotta né il suo risultato erano stati come lui aveva creduto.

Quel mattino Edward mi disse che la prima cosa che lo aveva colpito di Tyrrel era l'età, per la quale, come me, era impreparato. La fecondità letteraria di Tyrrel e l'interesse che suscitava facevano pensare a un uomo assai più giovane, ma la sua schiena era curva, i movimenti lenti e incerti, le mani nodose e rigide e gli occhi azzurri – per lo meno quella sera – erano lacrimosi. Eppure la sua mente era ancora molto vigile, come Edward doveva scoprire, sebbene la sua prima reazione fosse un senso di colpa per aver attaccato, sia pure per iscritto, un vecchio tanto fragile. Il whisky aveva contribuito a disperdere il senso di colpa. Si erano seduti nello studio di Tyrrel – la stanza in cui l'avevo visto – che Edward descrisse nudo e spoglio come il suo. Tyrrel si era congratulato con lui per la recensione.

"Non direi che abbia colpito nel segno," aveva detto Tyrrel, "ma c'è andato molto vicino. Comunque, non sono ancora sepolto, ho ancora un po' di fiato."

"Non intendevo seppellirla."

Il Vecchio aveva sorriso. "Il cane che si morde la coda è una buona metafora del modo in cui spesso ho scritto. Lo stile può diventare un fine e i lettori si dimenticano di domandarsi a che cosa serve in realtà. Ma non li si può biasimare. In tutta l'arte c'è artificio e se nessuno si lamenta che in un libro c'è più artificio che sostanza, vuol dire che c'è abbastanza arte nell'artificio, e questo allora diviene ammirevole. Ma ciò che lei ha detto del mio ultimo libro è sbagliato. In quel caso non ha colto nel segno."

Alludeva al romanzo basato sulla storia di Faust, che era l'argomento fondamentale della recensione di Edward. Era, come credo di aver detto, meno robusto e sicuro dei precedenti, poco di più di un'esposizione del tema, una drammatica ma coraggiosa affermazione che alla fine c'è un prezzo da pagare.

"La semplicità di quel libro," disse Tyrrel, "è voluta. Non dipende da una mancanza di capacità letteraria o di energia. Riflette la realtà che descrive. Non è né un'aberrazione né una regressione, ma una conferma dell'unità di tutto il mio lavoro. All'inizio ci fu il contratto, poi gli anni dei successi e delle fatiche, ora è il momento di pagare." Sorrise e si versò altro whisky. "Ho letto il suo romanzo dopo aver visto quella recensione. È molto promettente e mi pare rappresenti quel che ho cercato per molti anni fra i giovani scrittori. Non nego che sia un fallimento" – i suoi occhi velati brillavano fievolmente – "ma è interessante. Lei ha cercato di escludere lo spirito, non è vero? Forse lei non lo chiama così, ma è pur sempre questo. Lei ha fallito. Ma non importa. Deve provare di nuovo e continuare a provare. Guardi i miei libri, in particolare quelli che giudica i più deludenti. Scoprirà che è difficile scrivere escludendo ancora di più lo spirito, ma lei ci proverà."

Il modo di parlare di Tyrrel era antiquato e incerto, più formale del nostro abituale. Parlava con precisione in termini misurati e la sua voce era più giovane del suo corpo. Aveva maniere cortesi e sapeva ascoltare con attenzione. Ma a Edward non piaceva. Lo irritava il modo in cui il Vecchio, di qualunque cosa stessero parlando, sembrava dire contemporaneamente tutto e il contrario di tutto: sì, c'era un uso eccessivo dello stile in ciò che aveva scritto, ma era voluto, per cui andava bene così; sì, il suo primo e il suo ultimo libro erano possenti esposizioni di un unico tema, ma il tema in sé era possente, quindi anche questo andava bene; da un lato, era uno scrittore politico e dall'altro era un politico che scriveva; era sempre stato a sinistra, naturalmente, sebbene avesse delle simpatie per la destra; si dedicava anima e corpo alla scrittura e non poteva immaginare un altro modo di vivere; al tempo stesso era uno scrittore pronto a impegnarsi in qualsiasi cosa sebbene non fosse praticamente impegnato in niente. Della religione diceva:

"Bisogna simpatizzare con tutti, non credere in niente. E ricordare che il diavolo non mente mai."

C'era qualcosa nella cortesia di Tyrrel che Edward non tollerava: un riserbo, una freddezza, forse un orgoglio smisurato che scoraggiava qualsiasi sentimento amichevole. Mentre Edward mi faceva questa descrizione con un'insolita abbondanza di particolari, mi resi conto che lo stesso si poteva dire di lui, ma lo percepii solo con l'intelletto e non con il cuore. Pensai pure che la sua conversazione con Tyrrel non aveva assunto il tono della sfida, come invece lui sosteneva; era stata piuttosto una trasmissione di poteri, una sorta di benedizione.

Edward era deciso a convincermi del contrario. "Non ti ho raccontato tutto. È successo dell'altro." Avevano discusso di materia e di forma, di sostanza e arte, di giustificazioni a posteriori, di sincerità.

"Crede nella sincerità?" aveva domandato Tyrrel.

Come la maggior parte di noi, Edward giudicava così ovvia la risposta, che non si era mai posto la domanda.

"Sì."

Tyrrel aveva avuto un sorriso di scherno. "Ho un debole per il romanticismo."

"La sincerità è anteriore al romanticismo."

"Infinitamente, certo."

Non mi era ancora chiaro perché Edward considerasse questa una vittoria.

Più tardi avevano mangiato della pizza che Tyrrel aveva riscaldato in un forno a microonde. Avevano parlato dei metodi di scrittura, un argomento che credo gli scrittori trovino molto più interessante dei temi e delle teorie. Tyrrel scriveva a mano, con una penna stilografica su della carta comune.

"Neanche la macchina per scrivere?"

"La usai anni fa. Poi ho provato il computer, ma ho lasciato perdere entrambi. Sento meglio con la penna in mano."

"Sente le voci?"

"Sento la penna. C'è voluto molto tempo per riconoscere che quella era la mia unica possibilità: ascoltare la penna. Ho provato di tutto per superarla, ma non c'è stato niente da fare. Ho dovuto arrendermi."

Edward aveva pensato che fosse semplicemente un modo un po' eccentrico per dire che i mezzi meccanici gli erano d'impaccio. Mi disse che era ormai passata la mezzanotte, dopo parecchio altro whisky, quando se n'era andato.

Pensai che la morte di Tyrrel avrebbe significato un'enorme pubblicità per l'intervista di Edward: le ultime parole del Vecchio, il suo confronto con il critico della sua opera, il suo addio alla letteratura, eccetera. Chiesi a Edward se l'avesse registrata.

Stava guardando due ragazze vestite di bianco che parlavano vicino ai gradini che conducevano alle mura della città vecchia. "No, non l'ho registrata," disse distrattamente. "Avrei potuto farlo, ma ho cambiato idea. Ho pensato che non gli sarebbe piaciuto. È stata più una conversazione che un'intervista. Uno scambio di idee."

"Ma ti aveva invitato lui a intervistarlo. Di certo si aspettava che avresti scritto su di lui."

"Credo che l'intervista fosse un pretesto."

"Per che cosa?"

Continuò a osservare le ragazze presso i gradini e io pensai che non avrebbe risposto. "Voleva parlare."

"Ma è un'occasione così importante per te, dopo tutto quello che hai detto di lui. Avrai una risonanza internazionale. Sarà la fama."

Scosse la testa.

Non feci accenno alla mia incursione nel giardino: alle undici e mezza di quella chiara mattinata di vento, davanti a una tazza di caffè e con il sacchetto delle verdure posato sulla sedia accanto, quell'avventura sembrava una cosa sciocca e irreale, proprio com'era parsa a Chantal. Ma c'era di più, molto di più, che Edward allora non mi disse. Lo chiamò un post-scriptum, ma ha sempre avuto la tendenza a minimizzare. Anni dopo, quando gli eventi lo avevano spinto a una momentanea loquacità, mi raccontò che quella notte, mentre Tyrrel parlava, lui aveva trovato sempre più difficile capire ciò che il Vecchio diceva. A Edward non veniva chiesto altro che una parvenza di interesse, ma lui si era scoperto a pensare che il discorso di Tyrrel era uguale a molti suoi libri, una seducente danza intorno al nulla. Al tempo stesso aveva ricordato ciò che lui stesso aveva detto dell'ultimo romanzo, della pochezza del tema che affiorava sotto la struttura. In quel caso il tema era Tyrrel, un inesorabile, rabbioso egotismo, un'invincibile vanità in base alla quale ogni idea, ogni soggetto o parola doveva esalare il lezzo dell'io. Queste furono le parole di Edward. Per Tyrrel niente aveva un interesse intrinseco, lo interessavano solo le cose che avevano attinenza con lui. Edward aveva rinunciato a controbattere; non era necessario prestare attenzione perché tutto riconduceva a Tyrrel. Non era un processo sgradevole, al contrario. Bastava non badare al significato delle parole e lasciarsi trasportare da una rapida e dolce corrente. A un certo punto si era domandato se non fosse a causa del whisky; possibile, certo.

L'altra sensazione che lo aveva investito era che si stavano avvicinando al momento culminante. Percepiva dai modi e dall'aspetto di Tyrrel che stava per accadere qualcosa. Gli occhi del Vecchio erano più luminosi, la sua dizione incerta si era fatta più spedita e lui stesso appariva più giovane.

Alla fine aveva detto a Edward: "Tutti i miei libri provengono da un unico testo, da un grande manoscritto che li contiene tutti."

"Vuol dire che li aveva già scritti?"

"No, che sono pre-esistenti."

"Il taccuino di uno scrittore?"

Il bagliore negli occhi del Vecchio era stato subito represso. "Non un taccuino, ma un testo, una cianografia, una sorta di codice genetico letterario."

"Ha scritto tutti questi anni e ha sempre attinto da là?"

"È molto vecchio. Non ne ho mai parlato ad altri."

"Non c'è nulla di cui vergognarsi."

"Le piacerebbe vederlo?"

"Beh, sì." Edward si era sentito a disagio, come se si stesse preparando qualcosa di sinistro. Ma guardando quel vecchio fragile e curvo si era vergognato di se stesso.

"Non fa male," aveva detto Tyrrel, forse intuendo i timori di Edward, "finché ci si va d'accordo."

Si era alzato lentamente ed era andato a fatica fino al cassetto della sua scrivania. In quel momento non sembrava affatto più giovane, ma dimostrava fino all'ultimo i suoi ottantacinque anni. Aveva appoggiato una mano tremante sulla scrivania per sostenersi mentre con l'altra tentava di aprire il cassetto. Edward si era offerto di aiutarlo.

"No!" La voce di Tyrrel era suonata sorprendentemente dura e aveva riempito la stanza. Aveva aperto il cassetto un centimetro alla volta. Poi, muovendosi lentamente, vi aveva infilato entrambe le mani e ne aveva estratto il manoscritto. Non era così voluminoso come Edward si era aspettato ed era legato con una cordicella gialla. Gli orli erano consunti, la carta sembrava vecchia e insolitamente spessa. Se Tyrrel aveva detto il vero, ne aveva ricavato oltre venti libri. Non sembrava contenere tanto.

Tyrrel teneva il manoscritto stretto al petto e respirava pesantemente.

"Venga qui," aveva detto. La voce era di nuovo brusca e, sebbene stesse di fronte a Edward al di là del tavolo, non aveva alzato lo sguardo. Edward si era avvicinato. C'erano delle gocce – lacrime o sudore – sulle guance del vecchio. Quando Tyrrel aveva sollevato di nuovo lo sguardo, era ancora più pallido e i suoi occhi lacrimosi erano vacui come sfocati o rivolti solo all'interno. Gli aveva teso il manoscritto.

"Lo prenda," aveva mormorato. Le sue grandi mani tremavano e ora Edward aveva capito che era il sudore a rigargli le guance. Gli aveva spinto il manoscritto fra le mani. "Deve prenderlo."

Edward non si era mosso. Era sconcertato e incredibilmente stanco. Sentiva un peso immane gravargli la mente e gli era sembrato di dire, o aveva realmente detto: "Voglio andare a casa." Udiva le parole, ma era come se provenissero dall'esterno.

La pelle del Vecchio era quasi grigia e le sue

guance sudate tremolavano. Continuava a fissare Edward, ma Edward aveva l'impressione che guardasse qualcos'altro. Edward era troppo preoccupato di se stesso per domandare a Tyrrel se stesse male. L'indolenza mortale che lo aveva colpito gli aveva preso anche gli arti. Sembrava che perfino il suo sangue fosse divenuto pesante. Ma al tempo stesso percepiva il pungolo di un'acuta e violenta impazienza, una spinta ad andare avanti qualunque fossero le conseguenze. Non si era mosso.

Tyrrel aveva parlato di nuovo. Le parole erano state: "È per te," o forse "È fatto per te." Edward non ne era sicuro perché la voce era meno di un sussurro. Furono le ultime parole di Tyrrel.

Edward aveva preso il manoscritto. Per un istante ancora Tyrrel lo aveva trattenuto. La presa delle mani nodose era forte nonostante il tremolio e i suoi occhi fissavano quelli di Edward sempre con lo stesso sguardo pallido e sfocato. Era come se Edward stesse ricevendo una qualche sorta di sacramento. Poi la stretta di Tyrrel si era allentata e lui aveva cominciato a indietreggiare vacillando. Gli occhi ancora presenti erano pieni di orrore. Si riempivano come gli oblò di una nave che affonda, spalancati e vuoti. "Orrore" era una parola inadeguata, aveva detto Edward, ma non ve n'era un'altra. Allora aveva pensato che fosse perché Tyrrel leggeva i suoi pensieri: quando il Vecchio era caduto Edward aveva pensato solo che il manoscritto adesso era suo e che avrebbe potuto copiarlo senza che nessuno lo venisse a sapere. Non so se quella fosse una reazione anormale, ma sospetto che molti scrittori avrebbero pensato così anche se poi non avrebbero agito di conseguenza. Edward si era detto che quello era appunto il motivo per cui le mani di Tyrrel stringevano il manoscritto con tanta tenacia, abbandonandolo solo all'ultimo momento.

Era un uomo molto alto ed era caduto pesantemente, urtando la sedia e picchiando il capo contro la parete. Sdraiato sulla schiena sembrava ancora più alto di quando stava in piedi. Una spalla premeva contro il muro e sull'altra era ripiegata la testa, come gli uccelli quando hanno il collo spezzato. Anni dopo Edward ricordava ancora la misura dei piedi di Tyrrel. Doveva avere almeno il quarantacinque di scarpe, aveva pensato. Aveva fissato il corpo per un po', tenendo il manoscritto stretto al petto come aveva fatto Tyrrel. Non aveva provato pietà né gli era venuto in mente di cercare aiuto o di accertarsi che Tyrrel fosse proprio morto. Al contrario, provava una profonda e segreta euforia. Era come se fosse improvvisamente libero dopo anni di schiavitù.

"Così te ne sei andato senza vedere la donna?" chiesi.

"Era dall'altra parte della casa."

Prima di lasciare lo studio di Tyrrel aveva chiuso il cassetto. Non voleva che tutto il mondo venisse a sapere del manoscritto e preferiva che si pensasse che Tyrrel era morto dopo che lui se n'era andato. E così avvenne; aveva detto alla polizia che al momento della morte lui non era più lì e l'autopsia aveva confermato la morte per cause naturali. Edward aveva lasciato la stanza con il manoscritto e con il ricordo dell'orrore negli occhi morenti di Tyrrel. Gli sembrava, mi disse in seguito, che quello sguardo fosse ancora posato su di lui.

Credo di essere l'unica persona, a parte quelle coinvolte per ragioni intime, ad aver visto il manoscritto. È scritto a mano con inchiostro marrone sbiadito su carta vergata. La scrittura è minuta e fitta, con tratti molto sottili. È in inglese e le singole lettere sono ben delineate e riconoscibili, ma non ho afferrato il senso dell'insieme; non sono riuscito a leggerlo. È pur vero che l'ho avuto fra le mani per pochi secondi soltanto e forse non ero concentrato, d'altra parte so che anche la prima reazione di Edward fu la stessa. Quelle migliaia e migliaia di segni aguzzi e sottili mi hanno dato una sgradevole sensazione di assurdo, un assurdo deleterio e tuttavia allettante, perché, al tempo stesso, stimolava a trovarne il significato. Così fu per Edward, ma forse è necessario avere l'ambizione di essere un grande scrittore perché quella scrittura dica qualcosa.

Capitolo 4

E

Clarendon
R. Besley&Co.
1845

Capitolo 4

Come ho detto, questi fatti avvenivano alcuni anni prima che io venissi a conoscenza del manoscritto e quegli anni di Londra passarono rapidamente. La maggior parte della vita è un susseguirsi di eventi ed è difficile ordinarli in una prospettiva attendibile. Tuttavia, il tentativo di rievocare quello che sarebbe divenuto, senza che io me ne accorgessi, il grande tema della mia vita, mi costringe ad adottarne una, sebbene precaria e imprecisa. In quegli anni Chantal e io ci sposammo, lavorammo, frequentammo parenti e amici, leggemmo giornali e libri, andammo al cinema e a teatro, facemmo delle vacanze, salimmo due o tre gradini della scala sociale e, tutto sommato, conducemmo quel tipo di vita metropolitana affaccendata che allora appariva tanto importante e piena e che oggi è quasi del tutto dimenticata.

Edward aveva successo. Non solo scriveva molto, ma aveva scoperto un nuovo filone letterario pronto ad essere sfruttato. Divenne lo scrittore di riferimento fra quelli noti come post-moderni, gli esponenti del cosiddetto "realismo fittizio", che metteva realtà e fantasia sullo stesso piano. Gli scrittori di questa corrente pensavano di poter scrivere quello che volevano, di non avere l'obbligo di convincere o di interpretare, di non aver bisogno di compiere distinzioni se non sulla base di ciò che piaceva loro. La causa di tutto questo era la mancanza di immaginazione o meglio la mancanza di fede nel potere dell'immaginazione di interpretare la vita, e questo portava al disprezzo per il lettore. Credo che a quel tempo ci fosse una giustificazione intellettuale, uno scetticismo assoluto secondo il quale la realtà non meritava più fiducia della fantasia e quindi niente poteva essere definitivamente dimostrato – qualunque cosa ciò significhi. Naturalmente gli scrittori e i critici sostenitori di questa teoria si rinchiudevano in un assolutismo più esasperato di qualsiasi altro pretendessero di combattere, e in esso attingevano la certezza di essere nel giusto. Il loro scetticismo non si applicava alle teorie che propugnavano.

Si potrebbe pensare che io fossi contrario a quel movimento, ma non è così. Fu solo più tardi che presi a considerarlo una mistificazione e a credere che la verità nell'arte è essenziale, che parte della sua funzione consiste nell'aiutare a sentire ciò che di solito non si percepisce nel rumoroso vuoto di significati in cui viviamo. So di essere all'antica – io che ero tanto ansioso di essere contemporaneo – ma è l'esperienza ad avermi reso così. Erano le nuove verità a mancarmi, non le vecchie, e io non credo che qualcosa che confonde realtà e irrealtà, o che cerca di equipararle, sia opera del diavolo.

Comunque, a quel tempo ero assolutamente a favore di tutto ciò che fosse nuovo. Lusingato dall'amicizia di Edward, parlavo di "ismi" durante i cocktail ai giardini di Clapham la domenica; leggevo quello che le riviste letterarie dicevano di leggere; vedevo le commedie e i film che tutti gli altri vedevano; pensavo ciò che gli altri pensavano; andavo con entusiasmo alle feste. Ero il vero prototipo del moderno filisteo. In favore di Chantal dirò che per lei l'intera faccenda era più che per me una finzione, non ne era coinvolta e, in ogni modo, assumere certi atteggiamenti le veniva più naturale. Si divertiva e basta mentre io pensavo che fosse importante. Forse ero un po' scemo.

Pur essendo un esponente guida della nuova letteratura, Edward non era un teorico. Non credo di averlo mai sentito esporre una particolare teoria. Si limitava a metterle in pratica e, durante qualsiasi discussione sulle teorie o anche su altri scrittori contemporanei, sorrideva e scuoteva la testa come se tutto fosse al di sopra di lui, dando invece l'impressione che tutto fosse al di sotto di lui. Mantenne l'appartamento nella squallida casa di Kennington anche quando viveva soprattutto all'estero e si sarebbe potuto comprare l'intera strada. A un certo punto possedeva anche una casa a Chelsea, ma usava il vecchio appartamento come nascondiglio per lavorare perché a Chelsea era assediato dalle telefonate o da altre questioni. Ma in quei primi anni continuò a vivere là e io continuai a fargli visita come prima di sposarmi. A volte Chantal veniva con me, ma più spesso eravamo soli, a meno che non ci fosse una delle sue ragazze. Era abbastanza brutale quando se ne sbarazzava, ma le donne divennero un elemento caratteristico della sua vita più di quanto non lo fossero state inizialmente. In effetti, dopo quei pochi giorni a Villefranche, divenne più attivo in ogni settore della sua vita: scriveva di più, vedeva più gente, faceva più recensioni, collezionava più donne, appariva più di frequente alla radio e alla televisione e divenne così un personaggio nazionale, per lo meno per tutti quelli che avevano fatto dell'arte una professione. Ero convinto che chi scriveva molto avesse meno tempo per tutto il resto, e una volta glielo dissi.

"No," rispose, scuotendo con decisione il capo. "Quando lo scrivere va bene tutto il resto va bene."

Quello che mi lasciava perplesso era che la sua collezione di donne continuasse anche dopo che Eudoxie si era trasferita da lui. Anzi, era persino aumentata. Ma molte altre cose lasciavano perplessi a proposito di Eudoxie.

La incontrai la sera che udii per la prima volta il rumore. Non avevo idea che vivesse con lui, Edward non me ne aveva mai parlato. Ero passato per chiedergli di firmarmi una copia del suo secondo romanzo che volevo regalare a un amico. Aveva vinto uno dei premi letterari minori ed era, credo, il libro che per primo suggeriva dei paragoni tra Edward e Tyrrel. Non era tanto una questione di somiglianza letteraria quanto della capacità di entrambi di imporre dei canoni artistici; Edward già mostrava di essere un maestro in questo campo. C'erano sostanziali differenze di metodo, ma i risultati erano stranamente simili. Se Tyrrel aveva inizialmente attirato l'attenzione con il suo stile e aveva poi lavorato intorno al soggetto fino ad annullarlo, cosicché, verso la fine, ad eccezione del suo ultimo libro, restava solo uno stile sempre più stravagante, Edward sembrava prestare poca attenzione alla forma, ma avanzava sotto il tiro incrociato di idee, scene, personaggi e caricature. Mescolava il reale con il surreale, i fatti con la fantasia in bordate successive di tale intensità ed energia che il lettore non aveva il tempo di riaversi e di distinguere. Scriveva con un impegno e un'arguzia che confondevano il giudizio, i critici smettevano di esaminare con freddezza ciò che veniva detto e si lasciavano sopraffare dal modo di dirlo, proprio come con Tyrrel. Quando un paio di loro prese a parlare di lui come destinato al posto nelle lettere contemporanee lasciato vacante da Tyrrel, tutti gli altri si unirono e presto fecero a gara nel pronunciare le lodi più stravaganti.

Edward assunse un atteggiamento piuttosto ambiguo verso queste cose, non sembrava approvarle ma neanche respingerle. Mi capitò di sostenere con la gente che il successo non lo aveva cambiato; in un certo senso avevo ragione: Edward viveva e lavorava nello stesso posto, io andavo a trovarlo come prima e la nostra amicizia sembrava inalterata. Forse perché era meno profonda di quanto io ingenuamente pensassi, anzi, da parte di Edward, forse era soltanto una conoscenza occasionale, anche se più tardi si aggiunsero nuovi elementi. Comunque, la sera che andai da lui con una copia del suo libro da firmare, tutto appariva come al solito. Parlammo davanti a una tazza di caffè e io gli porsi il libro. Edward aveva conosciuto l'amico che chiedeva l'autografo perciò disse che avrebbe aggiunto una dedica.

Presi la sedia tubolare mentre Edward si sedette sulla sedia girevole alla scrivania, la penna sul libro aperto. Taceva mentre rifletteva su che cosa scrivere; intanto i miei occhi presero a vagare lungo le pareti bianche e gli scaffali di libri luccicanti. Non riuscivo ad abituarmi all'aspetto asettico di quella stanza del tutto priva di calore umano. Udii il pennino che raspava sulla carta e mi volsi a guardare

Edward. La sua penna restava immobile sopra la pagina aperta, tuttavia il rumore continuava. Mi guardai attorno per individuare la fonte di quel suono, ma era chiaro che non poteva trattarsi d'altro. Aveva il ritmo di qualcuno che scrivesse rapidamente e con regolarità, riuscivo a distinguere le parole brevi da quelle lunghe e la punteggiatura. A giudicare dal rumore la carta era ruvida e il pennino sembrava meno morbido dei nostri attuali, come quelli di una volta che si intingevano nell'inchiostro o come una penna d'oca. Il silenzio che avvolgeva la stanza enfatizzava il sottile, persistente grattare.

Edward restava immobile, la penna ancora posata sul libro aperto. Teneva ferma la pagina con la mano sinistra, il viso atteggiato a un'espressione di profonda concentrazione che lo faceva apparire straordinariamente giovane, con le guance lisce, quasi fanciullesche. Mi ricordava Chantal quando l'avevo vista suonare il piano a casa dei suoi genitori. Non era una pianista esperta e non sapeva di essere osservata: il suo viso denotava un totale isolamento in se stessa, un'infinita distanza, proprio come quello di Edward in quel momento. Quando Chantal si era accorta di me, per un istante era rimasta smarrita e confusa, poi irritata, infine, aveva bruscamente interrotto il suo sforzo.

"Che cos'è questo rumore?" chiesi a Edward.

Mi guardò come se avesse ricevuto uno schiaffo e

per un momento sembrò non capire da dove venisse la domanda. "Quale rumore?"

Ebbi l'impulso di scusarmi, mi sentii improvvisamente colpevole e volli giustificarmi: "Quel grattare. Sentivo qualcuno scrivere e pensavo fossi tu, invece non ti sei mosso."

Mi fissò. "L'hai sentito?"

"Sì. Una penna sulla carta. Sono sicuro che fosse proprio quello il rumore."

"Per quanto tempo?"

"Per circa due minuti. Da quando ti sei messo a pensare a quello che dovevi scrivere."

"Ora lo senti?"

"No."

Abbassò lo sguardo. "Succede solo quando penso." Scrisse rapidamente una dedica sul libro e me lo porse.

"Che cosa credi che sia?" insistetti.

Mi fissò in un modo che mi fece sentire a disagio, come se stesse decidendo del mio futuro senza tener conto della mia persona. L'azzurro degli occhi ne sottolineava l'espressività a tal punto da renderli quasi intimidatori. "Hai cenato?" domandò.

Non avevo cenato, Chantal era fuori quella sera e io avevo pensato di comprarmi qualcosa di pronto.

"Mangia qui," disse. "C'è qualcosa in forno."

Si alzò e mi fece strada attraverso l'ingresso verso la cucina. A casa di Edward non avevo mai mangiato altro che cibi precotti. In effetti, pensavo che non avesse mai usato il forno, che non cucinasse affatto. Rimasi così sorpreso che dimenticai le mie indagini sullo strano rumore.

In cucina c'era una donna. La mia reazione fu delle più naturali: ricordo di essermi fermato sulla soglia della cucina abbastanza a lungo perché Edward mi guardasse e dicesse, con tono piuttosto perentorio, "Entra, entra."

Era più piccola di come la ricordavo, ma i capelli scuri, gli occhi neri e penetranti, la bellezza enigmatica non lasciavano adito al dubbio. I capelli erano raccolti a coda di cavallo, come quel giorno al ristorante con Tyrrel, e davano risalto alla forma leggermente asiatica degli zigomi e degli occhi.

"Questa è Eudoxie," disse Edward.

Ci stringemmo la mano. Dal suo accento dedussi che era francese e gliene chiesi conferma.

"In parte, *un peu*. Un po' di tutto." Aveva un rossetto rosso scuro e quando sorrideva i suoi denti apparivano bianchi e regolari, vicinissimi fra loro.

"Lui cena con noi," disse brevemente Edward.

La donna sorrise di nuovo e si affaccendò intorno ai fornelli mentre Edward e io sedevamo ai due capi del piccolo tavolo. Ci versò un bicchiere di vino rosso e lasciò la bottiglia fra noi, dopo aver aspettato come una cameriera che Edward lo assaggiasse. Quello sembrava essere il suo ruolo e anche quando si unì a noi per la cena parlò poco. Ero affascinato, c'era in lei qualcosa di straordinariamente forte: guardare il suo viso provocava la stessa impressione che genera la vista del fuoco, la stessa guizzante continuità e incostanza, il mutamento immutabile. Ero anche affascinato dal modo in cui lei ed Edward si comportavano fra loro. Non solo Eudoxie non era affatto convincente nel ruolo di moglie orientale o di cameriera, ma lei ed Edward sembravano vivere insieme da lunghissimo tempo. Erano sciolti e familiari – "familiare" era la parola che spesso mi capitava di associare a Eudoxie – come se avessero da lungo tempo oltrepassato la fase in cui le coppie si trattano con ogni riguardo.

Durante la cena, composta da pollo all'aglio con cipolle, olive e riso, Edward e io parlammo di libri. Eudoxie mangiò in silenzio salvo per un unico intervento. Avevo menzionato J.P. Curran, un romanziere ormai quasi dimenticato, che aveva conosciuto Tyrrel. Non riesco a ricordare come mi venne in mente di nominarlo, ma ero consapevole del legame esistito tra Eudoxie e Tyrrel e così timoroso di parlarne apertamente che mi capitava ogni momento di fare qualche involontaria allusione al Vecchio. Penso di averlo nominato una mezza dozzina di volte durante la cena. Comunque, la triste storia di Curran è che, dopo aver scritto un brillante primo romanzo, era stato invitato a casa di Tyrrel, cosa altrettanto straordinaria quanto l'invito fatto a Edward. Forse Tyrrel aveva visto in Curran un accolito. Ad ogni modo, qualcosa era andato storto e Curran era subito ripartito. Di quella visita non è rimasta alcuna testimonianza, sebbene si dica che Curran stesse scrivendo un romanzo su Tyrrel all'epoca della sua prematura morte a Lincoln; il manoscritto non fu mai trovato.

Dissi che quella era senza dubbio una perdita, al che Edward rispose di non aver mai letto il libro di Curran. Eudoxie si portò con grazia la forchetta alle labbra e alzò le spalle.

"È stata colpa sua," disse. "Ha avuto un'occasione e non l'ha saputa cogliere."

Le domandai che cosa intendesse.

"Avrebbe potuto scrivere molto di più, ma non accettò quello che gli veniva offerto."

Il tono della sua risposta era piuttosto risentito. Temetti di aver detto qualcosa che a me era parsa del tutto inoffensiva, ma forse era stata mal interpretata. Cercai di rimediare. "Beh, è un peccato, ora non potremo più leggere i libri che avrebbe scritto."

"Certo che possiamo," disse seccamente. "I libri sono inevitabili come gli scrittori. Arrivano quando è il loro momento. I libri che Curran avrebbe potuto scrivere li scriverà qualcun altro."

Espresse quell'idea bizzarra con tale sicurezza

che non replicai. Avevo sentito Edward parlare dei libri come "pre-esistenti", come in attesa di essere scritti, di autori con funzioni di levatrici, ma avevo pensato che parlasse metaforicamente. Eudoxie parlava con la sicurezza prosaica dello stolto, ma non potevo credere che fosse tale. Poi fui colpito da qualcosa che accadde fra di loro. Non fu nulla di speciale, solo uno sguardo, e solo di lui a lei. Eudoxie stava guardando me mentre si infilava la forchetta fra i denti bianchissimi e non so se lo vide, ma potrebbe averlo captato. Era uno sguardo sottomesso, una cosa di cui non avrei mai creduto Edward capace, una sottomissione muta, quasi canina. Non fu l'ultima volta che vidi quello sguardo che tanto contrastava con l'apparente modello di comportamento di Eudoxie con lui, quello della schiava favorita, rassegnata a vederlo folleggiare con altre donne. Ma quello che più mi sorprese fu che lui si sottometteva per questioni relative alla scrittura, e cominciai a pensare che anche in tutti gli altri campi Edward agiva come per un consenso formale, sia pure un generoso consenso. Non che lei gli impedisse di scrivere quello che voleva, almeno non mi risultava, semplicemente che ogni tanto lei faceva delle dichiarazioni sorprendenti e categoriche su questioni di origine o ispirazione letteraria ed Edward si sottometteva senza discutere. Questo non era da lui, o meglio, lo era per come era diventato ma non per com'era stato.

Quando quella sera mi accompagnò alla porta per salutarmi, restammo a parlare per un po'. Per la prima volta dacché lo conoscevo mi resi conto che stava facendo una conversazione. Restammo sui gradini a parlare di architettura vittoriana; osservammo il vento che trascinava cartacce per la strada e commentammo del disordine moderno; credo che saremmo passati a parlare anche delle stelle, ma la trasformazione di Edward mi aveva colpito tanto da rendermi audace. Gli domandai di nuovo che cosa secondo lui avesse provocato quel rumore di penna che scrive.

Guardò un giornale spinto dal vento lungo la cancellata giù giù verso il fondo della via. "Probabilmente è la mia immaginazione," disse lentamente. "Quando penso. Una proiezione di qualche spirito, un fenomeno che ha a che fare con l'occultismo."

"L'hai mai sentito prima?"

"Non parlarne con nessuno, specialmente con Eudoxie."

"Immagino che potrebbe spaventarsi."

Mi squadrò poi tornò a guardare il giornale.

"Avevi mai visto Eudoxie prima?" domandai. "Con Tyrrel?"

“Non parlare di quella cosa. Ne resterebbe sconvolta.”

Era difficile immaginare Eudoxie sconvolta, ma non dissi nulla. C’erano delle domande che avrei voluto fare: come era arrivato a lei, dov’era Eudoxie quando Tyrrel era morto, da dove veniva, aveva davvero abbracciato qualcuno – Edward? – nella stanza al primo piano, ma capii che non era disposto a rispondere. Eppure non sembrava nemmeno desiderare che me ne andassi, così restammo insieme ancora qualche minuto. Se non sbaglio parlammo del Lambeth Council.

L’anno seguente fu uguale al precedente, tanto che è difficile distinguerli. Chantal e io continuammo a vivere come sempre ed Edward anche, almeno così credo. L’arrivo di Eudoxie sembrava non aver cambiato nulla nella sua vita, per lo meno vista dall’esterno, però li vedevo meno spesso. Mi sentivo inibito dalla presenza di lei, anche se discreta, come fossi un intruso, eppure niente nel loro contegno lasciava pensare che lo fossi. Li invitammo a cena una volta e loro invitarono noi. In nessuna delle due occasioni erano presenti altre persone.

Udii il rumore di scrittura solo un’altra volta in quel periodo. Allora mi ero domandato se lo avessi soltanto immaginato, ma oggi so di averlo udito davvero. Ero solo nella stanza di Edward e lo stavo aspettando. I pochi fogli del libro che stava scrivendo erano sulla scrivania – a quel tempo scriveva ancora a mano – e io dovetti fare uno sforzo per non leggere. Ero sempre molto curioso del metodo usato dagli scrittori, quante cancellature facevano e cose del genere. Anche il manoscritto che gli aveva dato Tyrrel era là, ma mi sembrò un semplice mucchio di fogli legati, vergati dalla mano di un altro, e non vi prestai attenzione. Mi sedetti nella solita sedia e, immerso nel silenzio usuale, mi concentrai per vedere se riuscivo a sentire ancora il rumore. Dopo un po' mi sembrò di riuscirci, dapprima debolmente e poi sempre più forte. Era come la prima volta: regolare, ritmato, rapido, il suono di una penna feconda e instancabile. Edward mi fece sobbalzare aprendo la porta e il suono cessò. Non dico che si interruppe perché qualcosa mi faceva pensare che fosse sempre lì, in attesa di farsi sentire. Edward mi lanciò uno sguardo penetrante, ma cominciammo a parlare e il momento passò.

Oggi so che lui lo sentiva spesso. Non era iniziato con l'arrivo del manoscritto, sebbene quello fosse stato un preliminare fondamentale. Lo appresi quando Edward mi fece il terzo resoconto della morte di Tyrrel, verso la fine. Nei suoi primi due racconti non aveva parlato di Eudoxie, ma lei era presente quando Tyrrel morì. In quel momento, mentre Edward e Tyrrel si fronteggiavano seduti al tavolo, ognuno stringendo il manoscritto, Eudoxie era apparsa al fianco di Edward. L'aveva sentita ancor prima di vederla. Stava proprio dietro la sua spalla sinistra, molto vicina, e non parlava né si muoveva. Era per via di lei, disse Edward, che aveva avuto l'impressione che Tyrrel lo guardasse ma vedesse qualcun altro, e sempre per via di lei, ormai se n'era convinto, gli occhi di Tyrrel si erano colmati di orrore.

Non ebbe mai la certezza di quanto tempo fosse passato tra la caduta all'indietro di Tyrrel e il momento in cui lui si era mosso. Poteva esserne passato molto più di quanto gli fosse sembrato. Si era ripreso come da uno stato di trance e si era guardato intorno cercando Eudoxie, ma lei non c'era più. L'unica traccia della sua presenza era la porta lasciata aperta. Doveva essere entrata per assistere a quella morte.

Il suo primo pensiero fu che ora non avrebbe potuto rubare il manoscritto e, come facciamo tutti, si convinse di non aver mai avuto l'intenzione di portarlo via. Tuttavia, non lo posò e guardò le prime pagine restando in piedi presso il cadavere. Come me, sulle prime non riuscì a trovarvi un senso logico. La scrittura precisa e appuntita era leggibile se ci si concentrava sulle singole lettere, ma quando si provava a leggere una parola, una frase o un periodo tutto diventava incomprensibile. E non si trattava di segni normali, come potevano sembrare a un primo sguardo, ma di una confusione vertiginosa e frastornante che sembrava al tempo stesso inesplicabile e sgradevolmente familiare, come il ricordo di un sogno dimenticato durante la veglia.

Lasciò Tyrrel e andò in cerca di Eudoxie portando con sé il manoscritto. Tutte le altre stanze del pianterreno erano al buio e cominciò a domandarsi se non avesse soltanto immaginato la presenza della donna. Non accese nessuna luce, perché le tende erano aperte e il chiarore della luna entrava dalla baia cosicché la casa era in una fitta penombra ma non completamente buia. Alla fine si mise a chiamare. Le aveva stretto la mano arrivando, ma Tyrrel non l'aveva chiamata per nome, così dovette limitarsi a gridare "Signora" e "Scusi" in inglese e francese.

"Di sopra," rispose lei, in inglese.

Era nella stanza in cui l'avevo vista durante il temporale e dove mi pareva di averla rivista la sera seguente. Era una camera da letto. Stava in piedi davanti alla grande vetrata, di fronte alla baia e alle luci di Villefranche, le braccia conserte come quando era apparsa a me. Edward ricordava che delle strisce sottili di nuvole attraversavano la luna. Quando Edward entrò, lei non si girò.

"Ce l'hai con te?" chiese.

Lui capì a che cosa si riferiva. "Sì."

"È per te. Lui voleva che lo avessi tu."

"Perché? Come lo sai?"
"Era il suo desiderio."
"Ma che cos'è? Non riesco a capirci niente."
"Te lo mostrerò io. E avrai anche me."
"Che cosa vuoi dire?" Fu la sorpresa a dettargli quella domanda. Quando lei si girò, Edward potè vedere dal biancore dei suoi denti che stava sorridendo.
"Mi avrai insieme a questo."
Edward aveva trascorso là la notte e il giorno e la notte seguenti, ecco il motivo per cui non era venuto da Englert's. In seguito mi raccontò che forse la notte seguente Eudoxie era davvero stata in piedi vicino alla finestra con le braccia conserte, come mi era sembrato di vederla dal giardino, e che probabilmente si era voltata per abbracciarlo. C'erano stati molti abbracci. Ma c'erano anche altre spiegazioni possibili.
"Non sempre si riesce a vedere quel che Eudoxie fa nel momento in cui lo fa," spiegò. "In altre parole, si può vedere il 'cosa' ma non sempre il 'quando'. Tu l'hai vista la seconda notte, ma lei potrebbe aver fatto quel gesto la notte precedente. Forse voleva solo che tu la vedessi e così è stato. O forse voleva vedere te."
"E perché mai?"
All'epoca di questa conversazione gli occhi azzurri di Edward erano ormai lacrimosi come quelli

del vecchio Tyrrel. "Perché tu eri legato a me e lei doveva accertarsi."

"Di che cosa?"

"Che non eri importante."

Edward ed Eudoxie restarono soli in quella casa per circa trentasei ore. Furono interrotti la mattina successiva dagli addetti alle pompe funebri e dalla necessità di rilasciare delle dichiarazioni alla polizia. I due negarono che Edward avesse trascorso la notte là e che fosse stato presente al momento della morte di Tyrrel, questioni che Eudoxie trattò con la consueta efficienza. A parte questo, le due notti e il pomeriggio erano trascorsi come una manciata di minuti, aveva aggiunto Edward. Credo che la presenza del cadavere di Tyrrel avesse reso la prima notte piuttosto agitata. Non sono sicuro che lui ed Eudoxie abbiano ancora avuto rapporti sessuali dopo di allora. Forse sì, non si può mai sapere, ma Edward ne parlava come di una parentesi di vera e propria ossessione sessuale, se non di schiavitù, e dava l'impressione che indulgendo in tale pratica avessero eliminato il sesso una volta per tutte. Quello che è certo è che le sue numerose conquiste davano più l'idea di sperimentazioni che di vere avventure, continui assaggi non tanto alla ricerca di un sapore nuovo quanto nella speranza di ritrovare quello vecchio. Ci furono tanti assaggi, ma ho il sospetto che Eudoxie lo avesse vaccinato contro qualsiasi gusto nuovo.

Il grattare, il rumore della scrittura cominciò solo dopo il suo ritorno a Londra. Sulle prime aveva pensato che fosse qualcosa nella stanza, la pressione nei tubi del riscaldamento o addirittura i topi nel solaio, ma poi si era accorto che si manifestava solo quando lui scriveva o pensava allo scrivere. Tuttavia aveva continuato a cercare una spiegazione plausibile, ma il ritmo e il suono di pagine e pagine riempite da un'instancabile penna escludeva qualsiasi intervento normale. Tutte le volte che, penna alla mano, si sedeva a scrivere, iniziava l'attesa del suono e i suoi pensieri morivano sul nascere. Provò a scrivere ascoltando musica, cosa che in ogni caso gli avrebbe creato difficoltà, ma il suono era ugualmente percepibile attraverso le 'orecchie della mente', come le chiamava. Tentò di scrivere in cucina, ma il rumore lo seguì. Stava per impazzire quando arrivò Eudoxie.

Accadde molto presto dopo la morte di Tyrrel, prima di quanto io abbia mai saputo. Doveva già essere là durante le nostre conversazioni. Sebbene il manoscritto lo sconcertasse ancora quando lo guardava – cosa che faceva spesso ma non a lungo per via delle proprietà negative di quei geroglifici – e sebbene il rumore continuasse, la presenza di lei portò un immediato cambiamento. Ora, quando guardava il manoscritto o udiva il rumore, la sua mente si riempiva di parole, scene, personaggi, voci e suggestioni in tale profusione che Edward sentiva di non riuscire a contenerli. L'unica cosa che poteva fare era trasferirli sulla carta per mezzo della penna, scrivendo automaticamente senza quasi riuscire a formare un pensiero suo. Fu così che iniziò la moda del cosiddetto realismo fittizio, che lo rese tanto ricco e famoso. Gli era sufficiente sedersi e attendere il suono, oppure voltare le pagine del manoscritto perché tutto si riversasse nella sua testa come l'acqua da una chiusa, poi doveva solo impugnare la penna. Man mano che il tempo passava il processo si semplificò sempre di più ed egli divenne immensamente prolifico e celebre, come tutti sappiamo. Ma i suoi pensieri e la sua immaginazione si inaridirono.

Fu a causa di tutto questo che, in quei primi anni, non si trasferì in un posto migliore. All'inizio associò la sua fortuna non solo a Eudoxie ma anche a quelle stanze vittoriane ed ebbe paura di perderla. Credeva ancora di poter smettere quando lo avesse voluto, era affascinato ed eccitato, si godeva il successo. Pensava di essersi imbattuto in qualcosa di nuovo e si persuase che, quando alla fine fosse tornato alla sua scrittura, si sarebbe trovato arricchito in esperienza. Rimase però restio a parlarne. Feci qualche tentativo dopo quella cena con Eudoxie, ma lo trovai dapprima evasivo e poi brusco, come se non avesse tempo per simili stupidaggini.

Capitolo 5

A

Bodoni
Giambattista Bodoni
1790

Capitolo 5

Chantal e io ci trasferimmo ad Antibes qualche mese dopo la nascita della nostra prima figlia. Ottenni un posto in un *lycée* mentre lei insegnava francese part-time agli stranieri. Nel nostro primo entusiasmo di genitori decidemmo che Londra non era un posto adatto per crescere i propri figli. I bambini dovrebbero vivere in città piccole vicine alla campagna o al mare, come gli adulti del resto. Anche il clima è molto importante. Se è buono, rende tutto migliore, ma se è cattivo niente andrà per il verso giusto e la vita si ridurrà a una lotta quotidiana.

In realtà le estati ad Antibes sono troppo calde per i miei gusti, ma si confacevano a Chantal. Con l'aiuto di suo padre prendemmo un appartamento nello stesso isolato dei suoi genitori. In questo modo sua sorella, Catherine, divenuta una giovane donna alta e flessuosa, era disponibile come baby-sitter. La vita era piacevole, il solo fatto di essere lontani da Londra e da quell'orribile scuola la rendeva un'eterna vacanza. Il lavoro non era più pesante e fonte di stress, ma solo una delle cose da fare, come radersi o preparare il caffè. Tutte le mattine camminavo lungo il porto fino al mio *lycée*.

Qualche tempo dopo la nascita della nostra seconda figlia, Edward ed Eudoxie si trasferirono a Villefranche. Ripresero possesso della casa di Tyrrel e io pensai che lui l'avesse lasciata a Eudoxie, sebbene avessi letto qualcosa sui giornali circa un testamento impugnato da una o due delle sue ex mogli; ma la moglie o le mogli erano morte e tutta la questione era finita nel nulla. Ora la casa era di Eudoxie.

Fui naturalmente molto contento, anche se non vedevo Edward tanto spesso come mi ero aspettato. È un luogo comune che i bambini impediscono le amicizie tanto che parecchi genitori cessano del tutto di essere creature sociali. Gli incontri e le conversazioni diventano occasioni disperate per scambi di vedute e frettolosi tentativi di resuscitare qualche sembianza del vecchio io. Chantal e io fummo più fortunati, non solo perché avevamo la sua famiglia vicina, ma perché lei era pratica ed efficiente, quasi teutonica. Sosteneva che tempo e spazio vanno organizzati perché se non lo si fa non si riesce ad avere né l'uno né l'altro; così faceva in modo che durante la settimana ci fosse sempre un po' di tempo da dedicare a quel che le piaceva. Ero assolutamente d'accordo con lei perché avevo anch'io la stessa esigenza. Forse nessuno di noi due si sentiva genitore per vocazione, qualunque cosa ciò significhi, cercavamo di organizzarci nel modo migliore.

Vedevo Edward circa una volta al mese. Prendevo il treno o la macchina e andavo a Villefranche; a volte veniva lui ad Antibes per altri impegni e ci incontravamo da Englert's. Venne da noi solo un paio di volte: la presenza delle bambine, persino i segni della loro esistenza come i giocattoli o il seggiolone nell'ingresso, lo deprimevano. Come spesso accade alle persone che hanno un'unica ambizione nella vita, le faccende di famiglia per lui non avevano alcuna importanza. Neanche Eudoxie mostrò mai interesse per le bambine anche se, come ho già detto, era ospitale e cordiale quando Chantal o Catherine le portavano a passare il pomeriggio da lei.

Sulle prime mi sembrò strano sedermi nella stanza dove avevo visto Tyrrel alla finestra con la testa fra le mani. La casa era più grande di quanto non sembrasse dall'esterno e aveva un balcone protetto dalla scalinata che scendeva in giardino. Edward e io discorrevamo sul balcone la sera, guardando al di là della baia ai bianchi edifici di Villefranche. Aveva messo su qualche chilo e aveva il viso più pieno. Suppongo che lo stesso si potesse dire di me, ma il passaggio dalla giovinezza alla prima maturità è difficilmente percepibile dall'interno. Comunque, mi pareva giusto che lui fosse un po' più grasso di me perché era più ricco. Chantal e io eravamo in perenne debito con suo padre e vivevamo in un appartamento che non ci saremmo altrimenti potuti permettere, ma non eravamo allo stesso livello di Edward ed Eudoxie. I diritti d'autore maturati da Edward erano immensi e probabilmente Eudoxie beneficiava di una quota di quelli di Tyrrel. Molti libri di Edward erano diventati film e lui stesso aveva scritto un paio di sceneggiature. I film erano stati molto acclamati, ma mancavano dell'energia quasi caotica e della fantasia che pervadevano i suoi romanzi. A dispetto della fotografia ricercata e dei tagli piuttosto arbitrari, sembravano versioni annacquate dei libri. Dopo quelle due Edward non scrisse più sceneggiature, dicendo che un film era necessariamente una produzione di gruppo e non opera di un singolo individuo e, in ogni caso, un film nasceva di fatto in sala montaggio. È vero che le sceneggiature non possedevano quella forte impronta individuale che eravamo soliti attribuirgli.

Con gli anni i nostri discorsi si fecero meno letterari. Penso che questo fosse in parte dovuto al naturale calo dell'entusiasmo giovanile; come succede con altre passioni, quella per le cose dell'intelletto difficilmente sopravvive all'impatto del successo o, nel mio caso, all'accumulo delle responsabilità domestiche. Fu Conrad, mi pare, a scrivere quanta bellezza e libertà ci sia nell'essere giovani e non possedere nulla, e io ne sono quasi convinto. Ma nessuno è contento di essere vecchio e povero; l'indurimento delle arterie se si accompagna al possesso di beni e proprietà non è sempre quel processo maligno che alcuni pensano. L'accumularsi delle preoccupazioni, il loro maledetto concatenarsi costituiscono l'essenza della vita più di qualsiasi altro grande tema.

L'altro motivo per il quale le nostre conversazioni si fecero meno letterarie fu il cambiamento che si stava operando in Edward. Non tanto perché fosse distratto dal successo o dalle circostanze, ma perché una sorta di paralisi aveva invaso il suo genio e da lì si era impossessata di ogni aspetto della sua vita, cosicché con il passar del tempo non gli restò nulla con cui difendersi. Nei suoi stessi tentativi di liberarsi risiedeva la sconfitta. Con gli anni constatai che i nostri discorsi diventavano per lui più importanti. Non per quello che dicevamo – il loro contenuto era sempre più vago – ma perché avvenivano regolarmente e perché io lo avevo conosciuto quando era giovane, prima che tutta la storia iniziasse. Ero l'unico legame con la sua vita precedente, il solo sopravvissuto al suo successo; non gli rimaneva nient'altro del suo passato, di se stesso, niente all'infuori di me.

Fui commosso e grato che considerasse così importanti le nostre conversazioni, ma non mi domandai il perché. Le accettavo come delle sedute di rassicurazione e conforto reciproco, mentre fioriva la sua fama di erede di Tyrrel. Cresceva da sola, come se non avesse nulla a che fare con lui, e, in un certo qual modo, era proprio così. Nella bizzarra logica dei media, le rare apparizioni di Edward alla radio o alla televisione vennero considerate come prova inconfutabile della sua scelta di quel ruolo di recluso che era stato di Tyrrel, e non fu mai presentato senza aver prima precisato che aveva eccezionalmente accettato di uscire dal suo isolamento per quel programma.

Ricordo poco dei nostri argomenti di conversazione. Un po' di politica locale, di cui il padre di Chantal faceva parte; era un argomento neutro, non impegnativo, sul quale potevamo esprimere indignazione e sarcasmo senza essere costretti all'azione. La politica mondiale era un soggetto più frequente, come spesso accade alle persone che hanno una vita privata poco interessante o di cui per qualche ragione preferiscono tacere. Ho notato che l'interesse per le questioni di attualità si sviluppa talvolta fra le persone intellettualmente attive che si sentono messe da parte dalla vita. Non credo che Edward si sentisse così e neppure io, però entrambi evitavamo i discorsi troppo personali. Non so bene perché: forse la riluttanza di Edward a parlare di sé mi aveva contagiato o forse tutt'e due evitavamo quello che sapevamo non avere soluzione definitiva.

L'insoddisfazione è più una questione di temperamento che di circostanze. Non posso dire che Edward avesse qualche serio entusiasmo politico. Non aveva l'indole dell'entusiasta, non gli piaceva odiare e i suoi atteggiamenti erano sempre improntati allo scetticismo anche quando le sue parole non lo erano. Ancor più che in passato, esprimeva le sue opinioni fra virgolette, il che faceva pensare che non credesse nelle parole che usava.

Ho ricordi più precisi delle circostanze delle nostre conversazioni che dei loro soggetti. Barbecue sul balcone con la luna sull'acqua, colazioni nel giardino all'ombra degli olivi, a volte un fuoco acceso nello studio di Edward e sempre vino, molto vino, e poi whisky. Beveva molto ma poiché anch'io bevevo, non riuscivo a rendermi conto delle sue dosi. Aveva continuato a fumare sigari fin da quella volta che ci eravamo incontrati da Englert's dopo la morte di Tyrrel. Forse aveva cominciato proprio con i sigari di Tyrrel; in ogni caso, li fumava sempre nello stesso modo distratto e incurante, gettandoli prima che fossero consumati.

Una delle occasioni che vale la pena di ricordare è una sera sul balcone. Il sole era tramontato, lasciando una luce chiara ma in declino. Eudoxie stava curando il giardino, era un giardiniere esperto e spesso lavorava al fresco della sera; Edward era entrato a prendere un'altra bottiglia di whisky. Lo sentivo muovere da basso, mentre fumavo un sigaro osservando Eudoxie. Indossava un paio di jeans e una T-shirt bianca che risaltava nella luce del crepuscolo. I capelli sciolti le coprivano il viso ogni volta che si chinava su una pianta, per cui era costretta a tirarli continuamente indietro. Mi ricordai della prima volta che l'avevo vista con Tyrrel e mi dissi che era una di quelle donne fortunate che sembrano senza età. Chantal, invece, aveva sopportato il peso di due gravidanze, ma a parte questo era evidente che era entrata come me nella mezza età. Perfino Catherine, che io continuavo a considerare poco più che dodicenne, era ormai più donna che ragazza. Ma Eudoxie restava vitale ed elusiva come sempre.

Si raddrizzò e si girò a guardare la casa alzando una mano come per proteggersi gli occhi. Non ce n'era bisogno e pensai che lo avesse fatto per toccarsi i capelli e poi non avesse riabbassato la mano. Con l'altra reggeva una paletta da giardiniere. Guardava alla grande vetrata dello studio di Edward. Non lo sentivo più muovere, ma riuscivo a sentire il rumore di una macchina per scrivere. Un suono né forte né particolarmente rapido ma piuttosto regolare, come se il dattilografo usasse solo due dita ma con sufficiente perizia. Edward aveva accennato al fatto che ora scriveva a macchina e non più a mano. Trovai strano che mi lasciasse solo per mettersi a lavorare, ma chi ero io dopo tutto per giudicare i metodi dei grandi scrittori? La mia vecchia idea dell'arte che trascende ogni obbligo sociale, si era trasformata in una forma di pensiero piuttosto irrazionale come tutte le convenzioni. Il ticchettio non doveva essere durato a lungo perché ricordo che cessò quando ancora non avevo terminato il mio sigaro e subito dopo Edward riapparve. Eudoxie era nuovamente china sulle piante.

Dissi a Edward di non preoccuparsi per me e di continuare il suo lavoro se lo desiderava; io me ne stavo buono con il whisky ad ammirare il panorama.

Sembrò sconcertato. "Ti ho sentito scrivere a macchina," aggiunsi.

Restò in piedi con la bottiglia in mano: "Adesso?"

"Quando eri da basso. Anche Eudoxie ti ha sentito. O almeno, ti guardava nello studio."

Le lanciò un'occhiata, non proprio con timore, ma come un marinaio può guardare le nuvole addensarsi. "Non ero io," disse sommessamente.

"Ma adesso scrivi a macchina le tue cose, vero?"

"Ci ho provato." Posò la bottiglia sul tavolo e si sedette pesantemente nella poltrona di vimini. Per un po' rimase seduto e immobile come se fosse solo. Ultimamente i suoi tratti si erano un po' afflosciati e il ventre gli sporgeva dai pantaloni, ma era ancora un bell'uomo. Quando meditava, come in quel momento, era facile immaginarlo come una specie di Enrico VIII, altrettanto capace di slanci di generosità o di sottili vendette, a seconda dello stato d'animo.

"Ha preso il posto del rumore della penna," disse alla fine. "Non ero io che scrivevo a macchina, ma ci stavo pensando. È iniziato quando ho scelto di abbandonare la penna. Sei l'unica persona a saperlo, a parte Eudoxie." Gli occhi azzurri rimasero distrattamente fissi nei miei.

"Scrivere a macchina ti aiuta? Ti pare di scrivere meglio?"

"Non riesco a scrivere affatto. Qualsiasi cosa faccia, il risultato è privo di senso. Abbandonare la penna non è servito a niente."

"Forse dovresti provare con un computer."

Scosse la testa, aprì la bottiglia e si versò da bere.

Mi pentii della mia battuta: desideravo davvero saperne di più, ma le sue parole e il suo modo di fare mi mettevano a disagio. Era come stare con qualcuno che avesse scoperto in sé i sintomi di una malattia mortale e volerlo persuadere del contrario mentre si sospetta che abbia ragione. Allora non sapevo che la scrittura aveva preso completamente possesso di Edward, e quando diceva che 'quella' non gli permetteva di abbandonare la penna, temevo che manifestasse i sintomi di una malattia nervosa. Più o meno in quel periodo iniziai anche a sospettare la sua assoluta mancanza di fiducia in se stesso. Sulle prime mi dissi che era piuttosto strano per uno scrittore, ma non ne sono più così sicuro: se si studiano i libri come faccio io, ci si accorge che non sempre è così. L'effetto della mancanza di autostima di Edward, chiamiamola così, creava l'illusione di una tranquilla risolutezza, determinazione, certezza di obiettivi. Suggeriva, inoltre, una latente brutalità, che credo alcuni trovassero affascinante. Tuttavia quello stesso atteggiamento faceva provare per lui i sentimenti che si nutrono per un bambino. Tutti lo avremmo amato di più se avessimo avuto idea del vuoto, dello sfacelo e del terrore nascosti sotto la sua pesante immobilità, i suoi toni misurati e quegli occhi azzurri solo apparentemente partecipi.

In effetti acquistò un computer, anche se so che non se ne servì mai per scrivere un libro. Quella che veniva considerata una riluttanza ad abbracciare la nuova tecnologia divenne parte del mito e spesso contrastava con il modo in cui Edward riusciva sempre a essere al passo se non all'avanguardia della moda letteraria. Nessuno poteva sospettare che quel computer rappresentasse un tentativo disperato di sfuggire al proprio destino; fu visto come l'unica sua concessione alla modernità. Le cose che lo circondavano, se si eccettua lo splendore del panorama, rimasero spartane. Lui ed Eudoxie vivevano in quella casa come se non avessero mai disfatto veramente le valigie e credo che Edward avesse finito per considerare tale la sua posizione nel mondo. Le pareti erano nude come nell'appartamento di Kennington, c'era poca mobilia, non c'era il televisore né l'impianto stereo. Presumibilmente dovevano esserci parecchi oggetti di Tyrrel, ma io non li vidi mai. Capii che era Eudoxie a occuparsi di tutto quanto riguardava la proprietà. Come lei considerasse la sua posizione nel mondo nessuno lo può dire.

Scoprii il computer per caso. Non so se fosse stato il mio consiglio a influenzare Edward; non mi aveva detto nulla della sua intenzione di comprarne uno. Era sabato e Chantal e io avevamo portato le bambine a pranzo da certi suoi cugini a Villefranche. I genitori con bambini piccoli non sono sempre benaccetti – è ovvio che il piacere è di solito più genuino al momento del commiato che a quello dell'arrivo – ma quei cugini avevano abbastanza bambini propri perché due in più non facessero troppa differenza. Dalla loro casa si poteva distinguere la villa di Edward oltre la baia, due rettangoli bianchi, uno orizzontale e uno verticale, il tetto rosso e le finestre che riflettevano il sole. Cap Ferrat era punteggiato di forme bianche e rosse più grandi, ma nessuna altrettanto famosa. Ultimamente Edward aveva tolto il suo nome dalla porta a causa dei numerosi cacciatori di autografi, che si intrufolavano su per la scala o lungo il sentiero. Quel sabato pomeriggio pensammo di andare a fargli un saluto. Ero un po' restio a presentarmi senza avvertire, ma Chantal disse che potevamo farlo a patto di lasciare le bambine dai suoi cugini.

Camminammo lungo la baia e su per il sentiero come quando avevamo seguito Tyrrel ed Eudoxie tanti anni prima, così giungemmo davanti alla casa senza aver guardato in giardino. La porta fu aperta da Eudoxie, che aveva indosso solo un asciugamano rosso. Notai che la sua pelle era più scura di quanto immaginassi, e per un momento restammo tutti e tre a guardarci in faccia. Era sorpresa o forse un po' seccata; un'ombra le attraversò il viso ma senza lasciar traccia, sostituita immediatamente da un sorriso di benvenuto. Rivolse la sua attenzione più a Chantal che a me, ma non era una novità. Ci condusse attraverso la casa fino alla terrazza, annunciando ad alta voce il nostro arrivo. Arrivammo lassù in tempo per vedere Catherine che si copriva con un asciugamano rosso come quello di Eudoxie. Era evidente che era stata sdraiata accanto a Edward, che era seduto in una poltrona di vimini a leggere delle carte. Era scalzo e indossava dei pantaloni di tela kaki, una camicia bianca sbottonata fino alla vita e un cappello kaki che gli nascondeva gli occhi.

Le due donne dovevano essere state distese ai suoi piedi, nude, a prendere il sole.

Credo che Chantal e io fossimo troppo sorpresi per essere imbarazzati. Restammo muti per un istante, poi io dissi che non avevamo idea che Catherine fosse lì e cedetti al mio istinto inglese di scusarmi. Sapevo che il mio talento per dichiarare l'ovvio e il mio impulso a scusarmi irritavano Chantal, ma in quel momento non potei trattenermi. Credo che quella fosse la causa del suo silenzio durante il tè che seguì. Catherine non disse niente ed entrò a vestirsi, Eudoxie invece rimase, con l'asciugamano avvolto precariamente intorno al corpo. Era spiritosa e cordiale e, come sempre quando rideva, non potei fare a meno di notare quanto i suoi piccoli denti bianchi le riempissero la bocca. Erano così uniformi e numerosi che li si sarebbe detti fabbricati in serie piuttosto che cresciuti naturalmente e poi sistemati in bell'ordine in bocca. Non che fossero brutti, anzi, avevo sempre voglia di toccarli. Ad ogni modo Chantal si sciolse grazie alle attenzioni di Eudoxie, e quando questa la prese per mano invitandola a seguirla in giardino per ammirare le sue violaciocche, lei rise e balzò in piedi con una prontezza da ragazzina.

Edward non aveva posato il giornale. Ci aveva salutati sorridendo e imperturbabile si era lasciato circondare dalle nostre chiacchiere, come uno scoglio dalla schiuma del mare. Quando fummo soli mi chiese: "Le bambine sono con i cugini?"

Annuii e lui riprese a leggere. Era un silenzio gradevole dopo tutto quel trambusto. Sembrava che non ci fosse nulla da dire.

"Un goccio di whisky?" mi chiese dopo un po'.

Mi offrii di andarlo a prendere da basso. Mentre passavo davanti alla loro stanza da letto intravidi Catherine che si vestiva. Aveva addosso degli slip e il reggiseno bianchi e si stava infilando una gonna verde. I nostri occhi si incontrarono prima che lei li abbassasse per agganciarsi la gonna in vita. Il suo sguardo era indifferente per nulla imbarazzato, e in quel preciso istante la vidi non più come la sorellina di Chantal ma come una parte del grande e ignoto mondo femminile. Naturalmente per Chantal lo era da anni, ma io non me n'ero accorto.

Trovai il whisky e stavo per risalire quando fui attirato nello studio buio di Edward da un riflesso verdino. Non sono una persona molto intuitiva, e forse proprio per questa ragione devo andare a fondo di tutto. Tanto per usare una vecchia espressione, sono un ficcanaso, non riesco a passare davanti a una porta aperta senza guardare dentro. Non mi ero aspettato di trovare Catherine nella stanza di Edward, ma non avevo potuto resistere alla tentazione di guardare che cosa c'era dentro. Non potei resistere neanche alla tentazione dello studio. Le tende erano ancora tirate e quel riflesso proveniva dallo schermo di un computer. Così scoprii la novità di Edward. Era un computer non particolarmente sofisticato anche per gli standard di quel tempo, ma più che adeguato alle necessità di un romanziere. Lì accanto, sulla scrivania, c'era il manoscritto di Tyrrel, che ancora non conoscevo. Comunque, la mia attenzione era tutta per lo schermo su cui appariva l'ostile, incomprensibile scrittura che in seguito scoprii essere quella del manoscritto. In quel momento, però, pensai che ci fosse qualcosa di sbagliato nel computer oppure che Edward non sapesse ciò che faceva.

Ero lì da pochi istanti quando comparve Eudoxie. Era in piedi nel vano della porta, con un'aria di intensa concentrazione, e fissava lo schermo. Poi volse lo sguardo su di me.

"Che cosa stai facendo?" chiese.

"Non ho toccato niente. Ho visto la luce e mi sono chiesto che cosa fosse."

Si avvicinò e mi venne abbastanza vicino perché la sua spalla nuda mi sfiorasse il braccio. Sembrava non accorgersi di me, fissava esclusivamente lo schermo. Fui certo che se l'asciugamano le fosse scivolato ai piedi, non si sarebbe neppure mossa.

"Sembra completamente privo di senso," dissi.

Lei lo spense. "Gli altri sono di sopra."

Quando venimmo via, Chantal non disse nulla di

Catherine. Naturalmente sapevo che Catherine conosceva Edward ed Eudoxie, perché a volte andava da loro con Chantal, ma non avevo idea che li vedesse anche da sola. Alla fine ne parlai io.

"Gli è sempre corsa dietro," disse Chantal.

"Hanno una relazione?"

"Non lo so."

Il suo tono era sbrigativo, come se l'argomento fosse noto a entrambi.

Chantal vide più spesso Eudoxie dopo quell'episodio. Divennero amiche. Eudoxie veniva ad Antibes e insieme andavano per negozi, oppure pranzavano fuori; qualche pomeriggio Chantal andava a Cap Ferrat. Di tanto in tanto Eudoxie passava da noi per un caffè, portando qualcosa per le bambine, che ne erano affascinate. Non so se Catherine continuasse ad andare a Cap Ferrat; smise di essere nominata nelle conversazioni. Più tardi scoprii che aveva una relazione con uno dei miei colleghi sposati del *lycée*. Quando lo dissi a Chantal lei annuì, come se anche quello fosse già noto a entrambi.

"Sì, sarebbe ora che la finisse con questa storia. Va avanti da quando aveva diciassette anni. Lui è troppo vecchio e non lascerà mai la moglie. Gliel'ho detto, anche Eudoxie gliel'ha detto, ma lei non dà retta. Se ne accorgerà nel peggiore dei modi."

"Allora ne è innamorata?"

"Crede di esserlo."

Non pretendo di capire queste faccende, ma ero contento che Chantal vedesse spesso Eudoxie perché sembrava che la rallegrasse. Da un po' di tempo era diventata nervosa e taciturna, soprattutto con me, e non si degnava di dare spiegazioni. Diceva frasi come: "Il guaio con te è che non vuoi niente," ma quando cercavo di scoprire che cos'era che avrei dovuto volere, lei si arrabbiava. È difficile vivere con qualcuno che sembra nutrire un perenne risentimento, specialmente quando l'ignoranza delle sue cause ci viene rinfacciata e l'incapacità di capire l'altro è usata come prova a nostro carico, senza possibilità di difendersi. In realtà, è arduo non dare libero sfogo al risentimento quando si sente che anche noi possiamo essere fraintesi o che nostra moglie non riesce a capire se stessa meglio di quanto non riusciamo noi. Ogni rapporto fisico fra noi cessò.

Certo, ignoravo che cosa stesse passando e, sospettando che la nostra fosse una situazione coniugale abbastanza comune, mi dissi che doveva essere l'effetto di una precoce menopausa. Il mio sospetto si rafforzò anziché attenuarsi di fronte ai suoi rabbiosi dinieghi. Quanto a me, non è sempre facile descrivere i propri sentimenti per qualcuno con cui si è vissuti giorno dopo giorno per anni. Quando due persone sono unite da un vincolo di questo genere è difficile dire dove finisce una e dove comincia l'altra. Sebbene fossi preoccupato per la sua infelicità, non ero infelice a mia volta, seguivo il solito tran tran, e questa era una delle cose che Chantal sembrava rimproverarmi.

Quando cominciò a frequentare assiduamente Eudoxie, divenne più allegra e recuperò buona parte del suo brio. Ne dedussi che Eudoxie aveva sostituito Catherine come compagnia femminile, e in parte avevo ragione. Noi quattro, Edward, Eudoxie, Chantal e io, diventammo un quartetto più affiatato di quanto non lo fossimo mai stati e ci vedemmo più spesso. Sembrava una buona soluzione.

L'incidente con il computer mi rimase impresso anche a causa del successivo libro di Edward, che venne pubblicizzato come il primo scritto – anzi 'composto' era la parola impiegata – elettronicamente. Fu il libro che lo consacrò scrittore di livello davvero internazionale, un intelligente bestseller. Nessuno dai tempi di Thomas Mann, credo neppure Tyrrel, era riuscito a combinare il successo di vendite con la fama di intellettuale. Tuttavia per me quel libro rappresentò una caduta. Era dispersivo e, pur ingegnoso com'era, lasciava un'impressione di illogicità. Da principio ne attribuii la colpa al computer, contento di veder confermata – così pensai – una mia prevenzione. Sono convinto che coloro che scrivono sul computer vengano tratti in inganno dal mezzo e producano opere più lunghe, più sconnesse e meno concentrate. Poi fui sorpreso, anche se non scosso nella mia convinzione, scoprendo che in realtà Edward non aveva usato il computer. Gli dissi qualcosa a questo proposito in preparazione a qualche critica moderata, e lui mi rispose: "Oh, quello. No, non sono riuscito a usarlo. L'ho rimandato indietro."

Mi dissi sorpreso che avesse permesso che il suo uso del computer venisse pubblicizzato, visto che gli altri scrittori lo usavano già da tanto tempo, ma lui si limitò ad alzare le spalle. Solo più avanti, quando mi parlò di quei segni illeggibili, appresi che il computer, come la macchina per scrivere, era stato solo un altro tentativo fallito di riconquistare la sua voce. La scrittura, il manoscritto, il rumore non lo lasciavano più in pace. Tutto quello che tentava di fare con il computer si rivelava incomprensibile. Iniziava una normale frase, premeva i tasti giusti e sullo schermo verde apparivano assurdità. Sapeva che non era un difetto della macchina, che aveva dimostrato di funzionare, ma qualcosa dentro di lui. Provò a digitare le strane lettere esattamente come le leggeva nel manoscritto, per vedere se riusciva a trarne un senso come quando usava la penna, ma inutilmente. Assistetti a quell'esperimento. La cosa – non so come chiamarla – era gelosa di tutte le altre forme di trascrizione, come del fatto che Edward avesse idee sue. Dovette rinunciare e tornare al rumore di scrittura e alla penna. Così, il libro che era stato salutato come un successo sensazionale fu per Edward una bruciante sconfitta.

Il difetto principale del libro era la sua mancanza di onestà. L'onestà è quella che dona all'opera il suo centro di gravità e se manca, anche se il libro ha tutte le altre virtù, resterà per sempre un prodotto che pretende di essere quel che non è. Questa, almeno, è la mia opinione e fu proprio a causa di quel libro che rilessi tutti i precedenti con un occhio diverso. Ciò che scoprii mi ricordò le parole di Edward sul lavoro di Tyrrel: una danza intorno al vuoto. Questo è oggi il giudizio corrente sulle opere di Edward. Faccio questa annotazione non per rivendicare la mia preveggenza, ma per mostrare come uno scrittore che avrebbe potuto essere davvero grande sia stato annientato e perché sono certo che la cosa non è iniziata con Tyrrel e non è finita con Edward.

Lui era conscio dei difetti del libro. Una sera cenammo soli da Englert's e restammo anche dopo che quasi tutti i clienti se n'erano andati. Le serrande erano chiuse e il signor Englert sedeva a un grande tavolo a parlare di calcio con gli amici. Mi sentivo nello stato d'animo giusto per parlargli con una certa franchezza. Gli dissi che il suo libro mi aveva colpito perché era più ricco di artificio degli altri: intelligente, divertente, scritto in un linguaggio brillante, sagace, ma in definitiva con minor significato.

"Il suono e la violenza non significano niente, sono il nulla," disse. "È questo il punto."

"L'hai fatto deliberatamente?"

"Certo." Parlava con cautela. "Non c'è nulla di accidentale nei miei libri."

"Certo che no."

"No, non è così scontato. Nella maggior parte degli scrittori c'è molto di accidentale. Rivelano se stessi ogni due frasi. Non possono farne a meno e non sempre sanno che cosa rivelano, ma lo devono fare perché per loro fa parte del processo. Invece, che cosa vedi di me nei miei scritti?"

Era vero, non c'era niente di Edward come lo conoscevo, ma che cosa conoscevo di lui? Non molto a ben pensarci. Mi resi conto di aver considerato i suoi romanzi tipici prodotti suoi solo perché si somigliavano l'un l'altro, ma in nessun punto si potevano ricollegare a lui. Ma non afferravo ancora del tutto quel che stava dicendo. Pensavo che intendesse essere quel genere di artista descritto da Joyce, simile a un dio, remoto, raffinato fino all'estenuazione.

Scosse il capo. "Intendo dire che i miei libri non hanno nulla a che vedere con me. "

"Allora consideri il tutto un esperimento?"

"La cosa è iniziata così."

Quella sera non appresi altro. Oggi che conosco fino a che punto fosse prigioniero, incapace di scrivere una sola parola sua persino in una lettera, posseduto, represso, terrorizzato, posso solo ammirare il modo in cui continuò a battersi quando altri, Tyrrel fra loro, avevano finito per rassegnarsi. La sua apparente padronanza di sé era, in realtà, la precaria stasi di un vaso antico: se avesse permesso a se stesso di lasciarsi andare all'emozione, di mostrare un sentimento, si sarebbe rotto in migliaia di pezzi. Quella sera fu vicinissimo a dirmi tutto, ma fino alla fine la paura di Eudoxie lo trattenne. Era suo prigioniero. Lei lo circondava di tutto quello che lui desiderava e, in cambio, lei e il manoscritto avevano preso possesso della sua anima. Con il passare del tempo Edward volle un numero sempre minore di cose, continuando a desiderare l'unica che non poteva avere. Provò a combatterli, ma per combattere serve lo spirito e loro reclamavano proprio quello. Come sia potuto andare avanti non lo so, ma so che durante tutti quegli anni di vicinanza ciò che io scambiavo per la tranquilla accettazione del successo mondano e per la lucida indifferenza del genio era, in realtà, l'immobilità di un delirio quasi catatonico, la quiete della disperazione quasi assoluta.

Gli anni di Antibes, a mio parere, finirono quando Edward ed Eudoxie annunciarono che si sarebbero messi a viaggiare. Non sapevamo quanto sarebbe durata quella parentesi e credo che neppure loro lo sapessero. Immaginammo che sarebbero andati in giro per il mondo per un anno o poco più. Naturalmente Chantal e io rimanemmo, ma non penso mai agli anni in cui restammo soli come agli anni di Antibes; furono se mai una nota a piè di pagina, i grandi eventi avevano già avuto luogo.

La sera prima che Edward ed Eudoxie partissero, sentimmo suonare il nostro citofono. Fui sorpreso nell'udire la voce alterata di Edward, era la prima volta che veniva da noi così all'improvviso. Gli andai incontro all'ascensore, ma lui salì di corsa le scale. Era flaccido e disordinato, con il viso rosso e i capelli bagnati di sudore. Vestiva un abito leggero, i pantaloni erano macchiati e la cravatta storta. Ansimava pesantemente.

"Non posso fermarmi, sono di fretta," disse. "Puoi custodirmi questo fino al mio ritorno?" Mi porse il manoscritto dentro un sacchetto da supermarket. "Non volevo lasciarlo in casa. È troppo pesante da portare in giro. Ha già fatto abbastanza."

Non lo avevo mai visto tanto agitato. Chantal stava dietro di me, senza dir nulla. Non ci lasciò il tempo per le domande.

"Grazie," disse. "Ci sentiamo." Corse giù per le scale.

Ora so che il manoscritto era quello che aveva ricevuto da Tyrrel, ma quella sera non lo guardai, impedito da qualche raro scrupolo, che sicuramente avrei superato il giorno seguente, e distratto da Chantal.

"Lo sta portando via," disse.

"Chi?"

"Eudoxie."

"Ma va con lui."

"Non m'importa. Lo sta portando via." Andò in camera da letto e chiuse la porta.

Il mattino seguente il citofono suonò di nuovo, ma questa volta era Eudoxie. Avevamo appena terminato la colazione e io stavo per andare a scuola. Disse che voleva salire. Edward ci aveva lasciato un manoscritto la sera precedente e ora aveva deciso che lo voleva; e poi desiderava salutarci.

"Dille che lo porti giù tu," disse Chantal.

"Non vuoi salutarla?"

"Salutala tu per me." Si alzò e andò in cucina.

Anche le bambine erano pronte per andare a scuola, così scesero con me. Eudoxie era calma e sorridente, a differenza di Edward. Fece un sacco di feste alle bambine, promettendo loro ogni sorta di cose dall'estero e complimentandosi per il loro aspetto. Anche lei era in gran forma: indossava un vestito bianco stretto in vita, i capelli raccolti sulla nuca, gli occhi neri sapientemente sottolineati, un rossetto brillante, le orecchie ornate da medaglioni dorati pendenti. Ciò che sulla maggior parte delle donne sarebbe apparso troppo elaborato, su di lei sembrava perfetto. Era allegra e affascinante e le bambine ne erano ipnotizzate. Flirtò un po' perfino con me.

"Tutto il mio affetto come sempre a Chantal," disse, baciandomi leggermente sulle labbra.

Trattenni la sua mano un po' troppo a lungo. Lei sorrise e si girò verso le bambine. Avrebbe potuto passare per ventenne.

Da quel momento in avanti Edward ed Eudoxie furono sempre in movimento. Tennero la casa a Cap Ferrat e occasionalmente vi ritornarono, ma mai per molto tempo. Quando rivedevo Edward non c'era molto da dire. Non che fosse necessario, la nostra amicizia era un riconoscimento che avevamo percorso molta strada e a questo punto avevamo più cose alle spalle che davanti a noi. Credo che nessuno dei due avesse quella visione lineare dei rapporti che pretende continue novità. Questo è sempre il problema.

Era ancora ingrassato ed era diventato pesante, una figura obesa anche se, sotto la carne afflosciata, si potevano ancora distinguere i suoi bei tratti. La pelle era diventata rossa e lucida, i capelli argentei e radi, ma gli occhi avevano mantenuto il loro colore: isole azzurre e bianche in un mare rosso e increspato. Fissava senza battere le palpebre chiunque gli parlasse, riuscendo ancora a dare l'impressione di concentrare tutta la forza della sua attenzione. I suoi movimenti erano diventati rigidi e lenti e spesso si limitava a stare seduto e a guardare fisso. Il suo corpo aveva sviluppato una sorta di legnosità e io continuavo ad aspettarmi di vederlo camminare con un bastone da passeggio, ma non successe mai, anche se ora indossava regolarmente un blazer blu con pantaloni in twill. Eudoxie, naturalmente, era immutata e se a volte indossava abiti da donna di mezza età era, lo si capiva, più per rispetto verso l'età di Edward che per il bisogno di riconoscere la propria.

E i libri continuavano a uscire, se possibile con una frequenza ancora maggiore di prima. Da Bali o da Belgrado, da Auckland, da Roma o da Ruidoso, si susseguivano l'un l'altro accompagnati da un profluvio di interviste, articoli, premi e occasionalmente reportage. Divenne un personaggio pubblico, sebbene le sue apparizioni si alternassero a lunghi vagabondaggi in luoghi remoti. A volte i suoi giri restavano segreti per mesi interi, ma c'era sempre Eudoxie a vegliare su di lui. Data la sua situazione economica questi viaggi dovevano essere tutt'altro che faticosi. Penso anzi che potesse permettersi di renderli molto confortevoli.

I libri dei suoi ultimi anni furono i più famosi e vengono ancora letti oggi, nonostante che le sue opere siano considerate fuori moda. Frutto del suo inquieto vagabondare, posseggono nel migliore dei casi una qualità elegiaca, un misto di realtà e di fantasia che confonde il giudizio e scoraggia il senso critico. Non è giusto, certo, perché quei libri hanno il difetto di non essere veri; alla base di tanta fantasia c'è l'assenza di sentimento. È curioso che noi, esaltando il concetto di individuo, giungiamo a svalutare le persone nel loro insieme, a incoraggiare il conformismo e a uccidere l'immaginazione. Abbiamo smesso di usare l'immaginazione per poter vedere più a fondo nelle cose, e così ci siamo chiusi, rinunciando del tutto a vedere. Il male fondamentale di tutte le opere di fantasia di Edward è che con la pretesa di illuminare le cose, in realtà le impoveriscono. Ma non erano opere sue, comunque.

Quei libri non posso più leggerli. All'inizio ne lessi la maggior parte, ma gli ultimi li ignorai. Mi sarebbe stato difficile leggere qualsiasi cosa di Edward anche se fosse stata davvero buona. Essere traditi è senza dubbio un'esperienza più comune di quanto non si pensi e, come altri sconvolgimenti della vita, le conseguenze non sono sempre come ce le si aspetta. Quando Chantal me lo disse, non provai rabbia e neppure una grossa sorpresa. Attesi entrambe le reazioni, dicendomi che se non le avessi provate non avrei reagito nel modo giusto. Ciò che sentivo era un vuoto interiore dal quale non giungeva nessuna eco. Dopo ci fu un senso di delusione prolungato e crescente, che durò anni e inacidì molte cose. Se il passato è la vita di una persona e la sua memoria quello che lei è, la scoperta che buona parte di entrambi non è né fu mai come si credeva richiede una profonda revisione se si intende proseguire con un po' di amor proprio intatto. Avevo sempre temuto di essere incapace di provare rabbia e ne ebbi la conferma. L'incapacità di provare rabbia non è una virtù, mentre la capacità di dominarla lo è. Inoltre temevo di essere stato, fin da giovane, una specie di pallone gonfiato che annoiava la gente, e questo non mi aiutava a rassicurarmi.

Il modo in cui il tradimento venne a galla non fu particolarmente drammatico, e anche nature più impulsive della mia avrebbero potuto avere solo una reazione ritardata. Successe molti anni dopo l'episodio – ho ancora difficoltà con la parola 'relazione' – e Chantal ne parlò in un momento di depressione e sconforto così profondi che qualsiasi reazione immediata io potessi avere sarebbe stata inutile, probabilmente lei non l'avrebbe neppure notata. Fu la sera dopo il matrimonio della nostra figlia più piccola. La maggiore era già sposata e la seconda viveva per conto suo da un po', ma era sempre stata la preferita di Chantal. Immagino che questo matrimonio confermasse ciò che Chantal doveva già sapere, ma non voleva accettare: le sue figlie non avevano più bisogno di lei, i pulcini avevano lasciato il nido. Deve esser triste per molte donne scoprire che, dopo anni dedicati a soddisfare le mille esigenze dei figli, vengono semplicemente abbandonate e da quel momento, se hanno fortuna, ricordate con cortese considerazione e saltuario affetto. Ad ogni modo, quando tornammo nel nostro appartamento dopo un lungo ed estenuante ricevimento, non fu piacevole ritrovarci soli e in silenzio. Chantal piangeva. Provai a confortarla, ma il suo pianto divenne sempre più incontrollato finché, tra i singhiozzi, disse:

"Non mi sentivo così da quando Edward mi lasciò."

L'intera storia non venne fuori allora, ma risparmierò a voi i particolari e a me il ricordo. Era sempre stata, come disse lei, 'interessata' a Edward, sebbene la faccenda non fosse iniziata che dopo l'episodio di Catherine. Era stata sedotta – uso deliberatamente questa parola – da Eudoxie. La stessa cosa, sospetto, era successa con Catherine e con quasi tutte le donne di Edward. Eudoxie gli faceva da mezzana, un altro modo per mantenere il controllo. Non c'è dubbio che riuscisse anche a divertirsi. Ma ciò che all'inizio semplicemente la lusingava, la eccitava, le creava un piacevole diversivo, per la povera Chantal si trasformò presto in una passione. Dico 'povera' perché questo era il modo in cui mi imponevo di pensare a lei, per aiutarmi a superare il tutto. Era stata trascinata in un vortice, travolta da una forza fino a quel momento sconosciuta, indifesa, colpevole, desiderosa di fermarsi e di proseguire al tempo stesso, prigioniera delle attenzioni di Eudoxie e della pigra indifferenza di Edward, unita al suo potere di seduzione. Mi era chiaro che lei non aveva mai contato nulla per Edward, che era stata solo un'altra mela da cui staccare un morso, ma lei non riuscì mai a crederlo. Era convinta che Edward ed Eudoxie fossero andati all'estero perché lui non poteva decidersi a staccarsi da lei vivendole così vicino. Non la disillusi, ma so perfettamente che lui non le dedicò mai un pensiero, che non le riservò il minimo spazio nel suo disperato egoismo. Stranamente, mi aiutò sapere che, pur non avendo la generosità di sentimenti che mi permettesse di provare per lei una grande compassione, ero però capace di simularla, e Chantal era davvero da compatire. Ma credo che, nonostante tutto, intuisse la verità, e fu questo a spezzarla.

Capitolo 6

Q

Garamond
Claude Garamond
1532

Capitolo 6

Sarei potuto rimanere in Francia, ma desideravo un distacco completo dai vecchi legami. Chantal rimase ad Antibes dove vivevano le nostre figlie con i mariti. Una soluzione che andava bene a tutti. Io tornai a Londra e feci una serie di supplenze e lavori temporanei. Per un po' non lessi neppure i giornali per non vedere citato il nome di Edward.

Fu un periodo davvero miserevole, ma volevo stare solo, senza legami, senza radici, senza ricordi né passato, e quasi ci riuscii. La gente è stranamente indifferente una volta messo in chiaro che non si desidera essere socievoli, credo capisca che non vale la pena di insistere, comunque ognuno ha la propria vita a cui badare. Londra è il luogo giusto per chi vuole stare solo.

Dopo circa diciotto mesi di quella vita cominciai a sentirmi meglio e feci diverse domande per un posto fisso. La lunga serie di rifiuti era un segno scoraggiante di quanto fossi invecchiato. Tanti anni passati lontano dal sistema scolastico inglese escludevano la possibilità di trovare un lavoro commisurato all'anzianità raggiunta, inoltre scoprii di aver sofferto anche ai fini della pensione. Alla fine fui invitato a un colloquio per un posto a Knaresborough nello Yorkshire. La richiesta mi rallegrò, perché di solito non arrivavo neppure a essere convocato.

Knaresborough mi piacque fin dal momento in cui scesi dal treno. È ancora bella malgrado la recente espansione, con i suoi massicci edifici antichi, la piazza del mercato, il fiume e il castello in rovina. Passai la notte in un piccolo albergo vicino alla piazza e nel tardo pomeriggio del giorno seguente, dopo il colloquio, feci una passeggiata intorno alla città. Sentivo di essermela cavata abbastanza bene e potevo finalmente sperare di smettere di fare l'eterno precario, il grigio visitatore di sale del personale per il quale bisognava sempre trovare una tazza per il tè.

Lungi dallo smorzare il mio entusiasmo, il tempo umido e freddo dello Yorkshire mi faceva sentire contento. Se si rinuncia a un luogo con i colori e la luminosità di Antibes può darsi che si cerchi il suo opposto, e quella cittadina settentrionale senza pretese e niente affatto ostile era proprio l'opposto. Mi piacque persino l'umida foschia del crepuscolo. Quel clima ha luci e mezze luci particolari e io cominciavo già a sentirmi un abitante di un mondo di fantasmi. Mi si addiceva.

Ciò che resta del castello occupa il punto più alto

della città, con il fiume e la ferrovia che passano sotto, in lontananza. Quando arrivai in cima la nebbia era diventata pioggerellina fine e stava scendendo la notte. C'era solo un'altra persona, un vecchio che camminava lentamente intorno al perimetro del castello. Ben pochi di quelli che vivono nei pressi di rovine decidono di andarle a visitare in un pomeriggio di pioggia, e quelli che lo fanno possono essere innocui, ma è sempre meglio evitarli. Se permettiamo a chi è solo o smarrito di avvicinarci, corriamo il rischio di precipitare con loro prima che sia giunto il nostro momento. Così almeno la pensavo allora.

Ci eravamo già superati quando ci riconoscemmo. Ci vollero alcuni istanti perché ciascuno di noi potesse identificare le linee offuscate del volto in rovina dell'altro. Edward era corpulento, le sue guance cascanti non erano rasate e trascinava un piede perché la scarpa era priva di laccio. Indossava un vecchio cappello di tweed e un cappotto di lana grezza molto sudicio, le guance molto rosse e gli occhi azzurri iniettati di sangue. Io avevo indosso il mio abito migliore per il colloquio e dovevo avere l'aria rispettabile, ma ero più grigio e più vecchio di quanto lui certamente si aspettasse, avevo le borse sotto gli occhi e denti falsi.

Ci fermammo e ci guardammo senza salutarci. Non c'era niente da dire. Non era imbarazzante ma triste, impersonale, come se la vita stessa si dileguasse.

"Vivi qui?" domandò alla fine. Era lo stesso timbro di voce ma più roco. Gli spiegai che cosa stavo facendo. "Io vivo qui," disse. "Vieni a bere qualcosa."

Avevo dimenticato che era dello Yorkshire. 'Vicino a Harrogate' era tutto quello che mi aveva raccontato e non sapevo che intendesse proprio Knaresborough. Scendemmo attraversando la città in direzione del fiume. Camminava piano e questo mi fece piacere. Sotto la luce dei negozi sembrava davvero un vagabondo; nessuno avrebbe creduto che fosse un multimiliardario. Dovetti continuare a ripetermi che quel che era successo tra lui e Chantal era successo sul serio, perché quando lo guardavo o quando parlava – fatto insolito per lui non smise un solo istante, recitando una dettagliata, coerente e non richiesta storia della città – tutta la faccenda mi appariva irrilevante, qualcosa che non aveva nulla a che fare con noi.

Mi condusse giù per una ripida collina fin dove il fiume Nidd scava una gola boscosa al margine della città. Non attraversammo il vecchio ponte ma girammo a sinistra nella stradina che corre lungo il fiume. Era ormai buio e la strada non era illuminata. Oltrepassammo alcune villette e un paio di case più grandi. Quella stradina si trova oggi nella parte alla moda e più costosa della città e le case hanno tettoie per le auto o garage, ma allora era buia, sconnessa e solitaria, e presto gli unici rumori furono quelli del fiume. Al termine delle case, la stradina passava attraverso alti alberi ed era fiancheggiata a destra da un muretto di pietra. A sinistra si levava ripida una parete di roccia. Edward continuava la sua storia locale con un tono che sembrava oltraggiosamente alto in tanta solitudine. Pioveva senza tregua e durante le sue pause potevo sentire le gocce colpire le migliaia di foglie.

Svoltò di colpo a destra lasciando che lo seguissi, guidato più dalla voce che dalla sua figura invisibile nel buio. Passammo un cancello ed entrammo in un piccolo prato che costeggiava il fiume nel punto in cui descriveva una curva. L'erba era alta e bagnata, inciampai nella radice di un albero. All'ansa del fiume arrivammo a una vecchia casa galleggiante, una grossa struttura in disfacimento che era diventata l'abitazione di Edward. La rividi in seguito anche alla luce del giorno: era una specie di rudere complicato, una stravaganza in legno di inizio secolo, posata su pilastri di mattoni. Aveva tre grandi stanze più la rimessa per le barche. Fu distrutta da una piena qualche tempo dopo.

Salimmo i gradini di legno ed entrammo in una grande stanza che occupava tutta la larghezza della costruzione. Al centro del pavimento c'era una vecchia stufa nera con il tubo di metallo che saliva fino al tetto; un tavolo, un paio di sedie, qualche libro, dei fogli e un bel mucchio di legna. Edward accese un lume a paraffina che faceva fumo e sibilava, prese il whisky e due boccali da un'altra stanza. Si tolse il cappello e ci sedemmo ai due lati del tavolo mentre lui riempiva i bicchieri. Tenemmo indosso i cappotti. Fu allora che mi disse tutto quello che ho raccontato.

C'era stato dell'altro. La mia descrizione di lui come uomo "guidato" non gli rende giustizia. Per decenni quelli che lui chiamava 'la cosa', il manoscritto, e 'lei', Eudoxie, avevano portato avanti la loro inesorabile invasione. Ero stato testimone ignaro di qualcuno dei suoi falliti tentativi di fuga, ma negli anni ce n'erano stati infiniti. Tutti vani, lui lo sapeva, ma aveva continuato a tentare, c'era in lui qualcosa di non ancora vinto. Verso la fine della sua permanenza ad Antibes era diventato ancor più disperato. Non solo non poteva scrivere nulla che non gli venisse dettato, ma aveva scoperto che anche i suoi pensieri non legati alla scrittura erano stati invasi. Era diventato incapace di controllare le sue fantasie, in particolare quelle sulle donne. Esse occupavano la sua mente con la forza di allucinazioni, nei luoghi pubblici, quando parlava, quando ascoltava, fino a cancellare il mondo reale di ogni giorno. L'unico modo per fermarsi era di riempirsi di alcool, ma anche quello era diventato sempre meno efficace man mano che il tempo passava. Poi scoprì che le fantasie sessuali che lo tormentavano si concretizzavano. Gli bastava pensare qualcosa perché Eudoxie provvedesse. Quindi, il suo passare da una donna all'altra non era casuale come avevo pensato, vi era costretto, in continuazione, dalla sua fantasia invasata. Non è certo una cosa da invidiare: lui non era in grado né di volerlo né di evitarlo e, come sempre quando l'irreale diventa reale, gli lasciava la bocca amara. Sapeva già che sarebbe finita così, perciò veniva privato anche del piacere dell'attesa.

Mi raccontò tutto questo senza il minimo imbarazzo. Credo che fosse oltre qualsiasi imbarazzo. Quando nominai Chantal mi fissò, con la faccia gonfia e pesante, gli occhi lacrimosi e spaesati. La pioggia batteva sul tetto.

"Ah sì, Chantal," disse. "Come sta Chantal?"

"Ora sta bene. Per molto tempo non lo è stata. Ha avuto bisogno di cure psichiatriche. Ma sta sempre nel nostro vecchio appartamento e ha vicino le ragazze con le loro famiglie e gli amici. Non come me. Sono io che ho cambiato vita."

Continuò a parlare. Credo che avesse completamente dimenticato la povera Chantal e non prestò alcuna attenzione a quello che dissi di me. Fu la volta che più mi avvicinai alla rabbia, ma neppure allora riuscii a provarla. Il mio impulso era frenato dal pensiero che mi ero preoccupato di attirare la sua attenzione su di me più che sui suoi torti verso Chantal, e anche dalla vista del suo stato pietoso. Parlava di se stesso come dall'esterno, come di qualcuno che aveva sempre agito sotto costrizione, e sembrava non accorgersi dell'esistenza degli altri. Questa tendenza è visibile anche nei suoi libri, nella costante erosione del significato dell'individuo. Verso la fine riusciva a scrivere solo di sé e, man mano che il suo io veniva posseduto e distrutto, divenne sempre più assurdo. La realtà del male consiste nell'essere l'opposto del reale.

Fu prigioniero anche di quel successo durato tutta la vita. Da principio ne fu contento e, sebbene sapesse che si trattava di una frode, lo sentiva come qualcosa che lo riguardava da vicino. Ma mentre il successo cresceva a ritmo sempre più veloce, cominciò a sentirsi insignificante e minacciato. Non c'era altra via per sottrarsi a quella situazione che confessare, ma non riusciva a risolversi a farlo. Quando cercò di fermare la scrittura cadde in preda a fantasie talmente pazzesche – che la presenza di Eudoxie minacciava costantemente di tradurre in realtà – che si sentì prossimo alla pazzia, la cosa che temeva sopra ogni altra. La sua enorme popolarità e il suo apparente prestigio letterario erano per lui una grottesca parodia.

La sera in cui mi lasciò il manoscritto ad Antibes

fu uno dei suoi molteplici tentativi di separarlo da Eudoxie. Era convinto che il manoscritto non avrebbe avuto più potere su di lui senza la presenza della donna, ma lei lo aveva scoperto. Il loro giro intorno al mondo altro non fu che un lungo tentativo di fuga. Edward sperava di riuscire a liberarsi di lei, che Eudoxie trovasse qualcun altro e si decidesse a lasciarlo, oppure di incontrare finalmente la morte in quei vagabondaggi, che aveva descritto nei suoi ultimi libri.

Continuando a parlare si alzò in piedi e andò nella stanza accanto a prendere dell'altro whisky. Non ero ubriaco, ma non avevo più voglia di bere. Ero affamato, la casa galleggiante era fredda, i pavimenti scricchiolavano e la pioggia batteva con violenza sul tetto. La vecchia stufa sembrava morta definitivamente. Avevo i piedi ancora bagnati per aver camminato nell'erba. Quando Edward tornò con un'altra bottiglia portò con sé il manoscritto e una sveglia rosso fuoco che ticchettava alacremente. Posò entrambi sul tavolo con cautela.

"Aspetto visite."

"Vuoi che me ne vada?"

"Non ancora."

Vide che osservavo il manoscritto e sorrise. Il suo sorriso sembrava irreale dopo tanto tempo, un relitto del vecchio Edward. "Non preoccuparti, non è per te. La mia unica speranza è darlo a un altro scrittore. Altrimenti non mi lascerà. Deve avere qualcuno a cui avvinghiarsi. L'ho trovato, come sono stato trovato io e Tyrrel prima di me. Ma il prossimo almeno avrà una speranza, perché sono riuscito a separarlo da lei. Il nuovo proprietario forse sarà in grado di dominarlo invece di farsi dominare. Ecco perché lei non dovrà mai sapere dov'è andato a finire."

"Come sei riuscito a sfuggirle?"

"Sono saltato giù da un treno."

Stava ancora sorridendo, ma la sua espressione era sinistra. Ebbi un attimo di disorientamento, uno di quei sismi mentali che ci fanno capire che è intervenuto un cambiamento fondamentale anche se tutto appare immutato. Forse può essere stato il whisky, oppure un'avvisaglia di quel mal di cuore di cui soffro ora, ma continuavo a sentirmi come in un sogno dal quale non potevo svegliarmi. Fui colpito dal pensiero che forse era così che Edward si era sentito per la maggior parte della vita. Vedevo il suo viso pieno di venuzze rosse al di là del tavolo e improvvisamente non fui più sicuro se questo fosse il suo grande tentativo di svegliarsi o se stesse cercando di congelarmi per sempre nel suo sogno. Aprì il manoscritto e lo tenne di fronte a me voltando le pagine come se si muovesse al rallentatore o sott'acqua. Di nuovo vidi quei segni netti, appuntiti, cattivi, quei geroglifici che provocavano un subitaneo malessere ed erano tuttavia assurdamente familiari. Udivo il rumore della scrittura non solo più forte che mai, ma come se provenisse da una moltitudine di penne, generazioni di pennini, una sorta di cacofonia calligrafica.

Mi imposi di guardare altrove. "Brucialo," dissi indicando la stufa. "Mettilo là dentro."

Lo richiuse con cura. "Non sarò io a farlo." Sorrideva ancora, ma era come se le sue labbra restassero sollevate involontariamente.

"Lo devo dar via prima che lei mi trovi e poi mi devo nascondere o lei mi farà a pezzi."

"Come? Non può farlo. Non lasciarla avvicinare." Ero tornato al mondo reale. Ci trovavamo in una casa galleggiante, pioveva, la lampada alla paraffina sibilava e faceva fumo. "Buttalo nel fiume e vieni via con me."

"Non posso."

"Dallo a me. Lo farò io."

Lo avvolse nel cappotto e sedette, stringendolo e cullandolo come un bambino. Non mi guardava in faccia né guardava la mia mano protesa.

L'ospite di Edward doveva arrivare alle nove. Io me ne andai alle otto e quaranta. Vidi Edward per l'ultima volta in cima ai gradini della casa galleggiante, il manoscritto ben stretto fra le mani, il tremolante lume alla paraffina dietro le spalle. Dovevo tornare la mattina seguente prima di prendere il treno.

Scivolai un paio di volte nell'erba alta, era così buio che dovetti seguire a tentoni la ruvida pietra del muretto per trovare il cancello. Una volta raggiunto il sentiero presi a camminare il più veloce possibile in direzione della città mettendo ripetutamente i piedi in profonde pozzanghere. L'unico suono era quello della pioggia, costante e decisa. Non avevo ancora raggiunto la svolta dopo la quale si vedono le luci del ponte e del suo pub, il Mother Shipton, quando una figura mi incrociò nell'oscurità. Sulle prime individuai solo una macchia più scura contro le rocce e gli alberi, poi ne percepii il movimento e forse – ma potrebbe essere solo la mia immaginazione – ci sfiorammo con le spalle. Ci eravamo già oltrepassati prima che potessi essere certo di quanto era accaduto. Mi voltai, ma non vidi nulla. Tutto quel che posso dire è che quella figura era bassa e si muoveva rapidamente. Avrebbe potuto essere una donna.

Ottenni quell'impiego e da allora vivo un'esistenza silenziosa, sedentaria e appartata a Knaresborough, una vita per niente infelice. Di tanto in tanto vado a trovare Chantal ad Antibes. Vive, alla maniera di tanta gente, come se gran parte della sua esistenza non fosse mai accaduta. Io non ci riesco, non potrei mai far finta di niente, sono costretto per sempre a fare i conti con la mia vita.

Il verdetto seguito all'indagine sulla morte di Edward fu che era caduto nel fiume mentre era ubriaco; le condizioni del cadavere furono attribuite ai colpi ricevuti nel letto roccioso del Nidd che era in piena. Il manoscritto non fu mai trovato. Lo so perché aiutai la polizia nelle indagini.

Com'è noto, la reputazione di Edward ebbe un crollo dal giorno della sua morte. Come per Tyrrel, una volta scoperto che si trattava di una bolla di sapone, questa scoppiò. Nonostante quel che Edward ha fatto a me e a Chantal, i ricordi legati a lui sono carichi di tristezza. Ho scritto questo resoconto perché la gente non sia troppo dura con lui. È stato un dannato, spero che ora non lo sia più.

Per il resto, posso solo dire ciò che vidi, sentii e fu detto. Non offro nessuna spiegazione, ma non ho dubbi che, in qualche luogo, Eudoxie stia tramando. Per tre volte da quando sono andato in pensione ho creduto di vederla per strada e l'ho seguita solo per ritrovarmi davanti un volto diverso.

Adesso, con tutto il tempo a disposizione, passo la maggior parte delle mie giornate nella biblioteca pubblica dove sono un assiduo lettore di letteratura contemporanea. Cerco scrittori resi invisibili dal loro stesso fulgore, le stelle che splendono più luminose mentre dentro si stanno estinguendo; e presto particolare attenzione alle loro mogli e amanti. Conosco i segni, so quello che sto cercando.

Appunti di viaggio

Stampato da
Milanostampa spa
Farigliano (Cn)